自古宜州最宜人

——刘三姐故乡蓝祥长寿文化现象

主　　编　黄平权　周　飞

作　　者　韦安宁　左　丹

文化顾问　何述强　杨　合　温远涛　覃永建

编　　委　广西宜州市蓝祥长寿文化研究会

审稿主任　施铁靖

审稿小组（按姓氏笔画）

罗启贵　高钢武　莫瑞扬　梁允常　谢树强　谭为宜

自古宜州最宜人

——刘三姐故乡蓝祥长寿文化现象

主　编　黄平权　周　飞

韦安宁　左　丹　著

GUANGXI NORMAL UNIVERSITY PRESS
广西师范大学出版社
·桂林·

图书在版编目（CIP）数据

自古宜州最宜人：刘三姐故乡蓝祥长寿文化现象 / 韦安宁，左丹著. —桂林：广西师范大学出版社，2014.8

ISBN 978-7-5495-5296-2

Ⅰ. ①自… Ⅱ. ①韦…②左… Ⅲ. ①长寿—文化—宜州市—通俗读物 Ⅳ. ①K892.21-49

中国版本图书馆 CIP 数据核字（2014）第 067728 号

广西师范大学出版社出版发行

（广西桂林市中华路 22 号　邮政编码：541001
网址：http://www.bbtpress.com）

出版人：何林夏

全国新华书店经销

桂林广大印务有限责任公司印刷

（广西桂林市临桂县金山路 168 号　邮政编码：541100）

开本：787 mm ×1 092 mm　1/16

印张：19.75　　字数：269 千字

2014 年 8 月第 1 版　　2014 年 8 月第 1 次印刷

定价：98.00 元

如发现印装质量问题，影响阅读，请与印刷厂联系调换。

序：
穿越历史时空的文化审视

罗殿龙
（广西壮族自治区高级人民法院院长、党组书记，大法官）

子曰：“智者乐水，仁者乐山；智者动，仁者静；智者乐，仁者寿。”（《论语·雍也》）在古人的生活观中，山水是不可或缺的生活要素，或像李白那样仗剑出游，纵情于山水；或如欧阳修那样与民同乐，寄情于山水。当我在外工作多年后，思乡的情愫中，铭刻最深的也还是家乡宜州的山山水水，这方土地所孕育的文化，和这种文化所养育的乡亲们。

宜州是壮族歌仙刘三姐的故乡，它虽偏隅岭南，但不仅文化开化甚早，且民风淳朴，其历史渊源可谓久远，其两千多年的文化积淀可谓深厚，这是每一个宜州人引以为豪的，他们可以如数家珍地告诉你与宜州有关的历史文化名人，如三元及第的冯京、地理学家徐霞客、“江西诗祖”黄庭坚、大儒山长郑献甫、太平天国翼王石达开……以及本书所提到的御诗题赞的长寿老人蓝祥；还会告诉你抗战时期，浙江大学的“文军西迁”就曾经选择宜州（当时叫宜山）作为西迁路上办学的重要校址，在这里办学一年多，诞生了“求是”校训，和至今还在传唱的《大不自多》校歌，宜州也因此被浙大称为“第二故乡”和“精神家园”。

“造化钟神秀”，带给宜州这一切的正是这养育了世代宜州人的山水人情。滔滔不尽的龙江河穿城而过，逶迤蜿蜒的崇山峻岭不仅蕴藏着无尽的宝藏，也培养了宜州人江水般的善德、淡泊和刚柔相济；大山般的坚毅、厚重和颐养从容。

生活在这山歌故乡的人们选择了淳朴自然、健康积极的生活方式，将丰富的自然资源与淳朴、恬淡、勤劳、智慧的人文情操结合在一起，逐渐形成了自然和谐的生态环境和长寿宜居的和谐氛围。我们也就能明白，为什么中国第一长寿仙翁——蓝祥，会诞生在宜州这片神奇的乐土上。

我曾经到宜州市南郊的南山碑林里，观赏那座四角飞檐的御碑亭，亭子正中立着清朝嘉庆十五年庚午嘉平月御笔亲题的长寿诗碑，这是嘉庆皇帝为时年142岁的蓝祥所作。据查，历史上皇帝亲自为民间寿星题诗并赠匾额，这是第一次也是唯一的一次。在封建时代，寿星的出现正是盛世人和的表征。封建皇帝煞有介事地为一个民间寿星题诗赠匾，不能仅仅看作是封建帝王一种亲民的作秀，这实在是一件值得庆贺的事情。

客观来讲，社会政治环境是长寿老人出现的一个重要因素，但自然环境、社会生活环境，以及和谐、安全与科学的个性化生活理念同样重要。

《自古宜州最宜人——刘三姐故乡蓝祥长寿文化现象》一书，以宜州市蓝祥长寿文化研究会提供的大量第一手详实文字图片资料为基础，内容丰富、图文并茂，集知识性、趣味性、可读性、实用性、观赏性为一体，在展现宜州蓝祥长寿文化现象的同时，还把宜州的自然风光、人文历史、民族风情、民间文化等特色旅游资源呈现在世人面前。

我要感谢宜州市蓝祥长寿文化研究会的同志，他们经过短短两个多月的调研和创作，就写出了一本长篇纪实文学《自古宜州最宜人——刘三姐故乡蓝祥长寿文化现象》，并让我能成为最早的读者之一。

翻阅这本书，有一种故地重游的亲切感，不禁让我想起我童年在宜州城东四牌楼下度过的快乐时光，和20世纪70年代我在宜州从教的难忘岁月，那里的一草一木，一山一水，一城一砖，老朋友似地走到我面前，那是个宜山宜水更宜人的地方。“河池长寿地，三姐文化城”，作者没有拘泥于蓝祥寿星的个案小天地，而是全方位地展示了“千年州郡，醉美宜州”的风土人情，去揭示长寿文化中的人文因素和自然因素，使得我们在跟着读者解读长寿文化现象的同时，也领略了宜州这方水土的文化内涵，这是这本书给我最大的感触。

我真诚地祝福宜州家乡父老生活幸福、健康、长寿；我真诚地希望在今后的日子里，还能读到更多优美的书写家乡宜州文化的文字。

是为序，亦为贺。

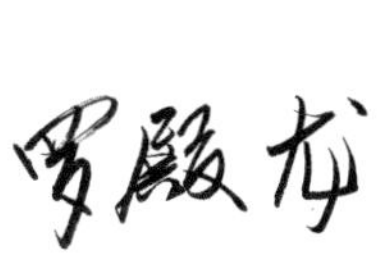

2014年6月18日于南宁

目录

第一篇　祥瑞宝地

华夏第一寿星蓝祥在中国宜州

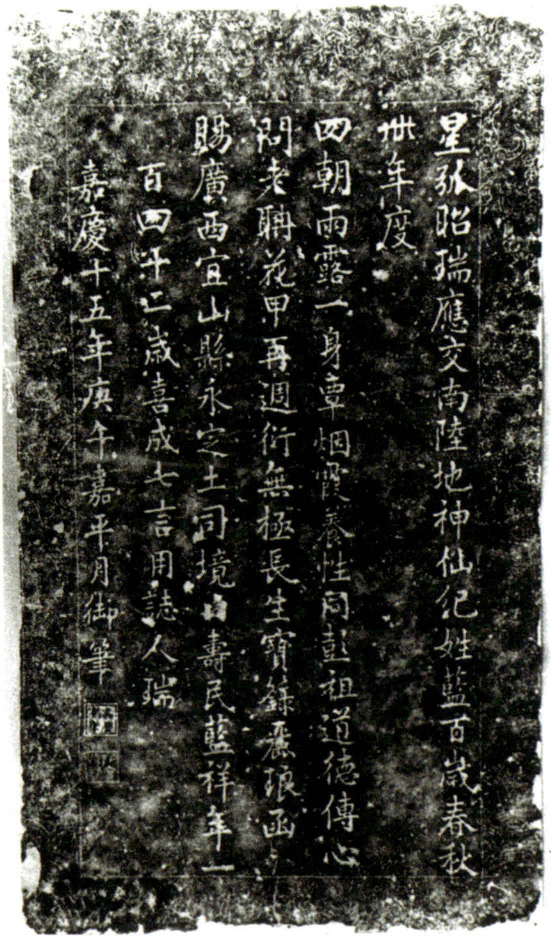

▲ 嘉庆皇帝御诗碑刻

第一节　昔日记忆：龙水养育的宜州

第二节　铁链古舟：橄榄形的宜州城

第三节　人杰地灵：宝地祥瑞，读书风盛，人才辈出

第四节　史上唯一：清嘉庆皇帝赏赐宜州蓝祥御制诗章及匾额，史料如铁

第五节　“石鳖”、“福龙”：寿星蓝祥诞生的小山村宜州永定正长官司加峒

宜州，这座有着两千多年历史的州郡，在古老而富有韵味的地方文化之中又掺入了现代繁华的都市文明，向桂西北伸展如奔跑群兽的千山万壑，加之逶迤蜿蜒，这些山脉镇守着祥瑞宝地宜州，还有一条日夜向东奔涌的河流，成就了宜州独特的山水魅力。

这块风水宝地，养育了146岁的寿星蓝祥。那些关于长寿文化的历史记载、寿仙遗迹、一川风物，又给宜州城注入了深厚的长寿文化底蕴。

历史，是通往现实的桥梁。

古老而年轻的宜州城，它本身就是一部充满神秘与传奇的伟大画卷。

▲ 宜州新貌　李增英　摄

第一节　昔日记忆：龙水养育的宜州

中国第一长寿的人瑞寿元纪录——146岁。

华夏历史上唯一一次由皇帝特颁御制诗章及长寿匾额。

中华史册上这第一与唯一的殊荣，花落寿星蓝祥身上……

“盘古辟地又开天，树有根来水有源；庆吉颐重皇帝授，宜州蓝祥长寿

仙。”这首山歌唱的长寿之仙蓝祥，他生活的地方，就是中国广西宜州。

宜州，这座有着两千多年历史的古郡，在古老而富有韵味的地方文化之中又掺入了现代繁华的都市文明，向桂西北伸展如奔跑群兽的千山万壑，加之逶迤蜿蜒，这些山脉镇守着瑞宝地宜州，还有一条日夜向东奔涌的河流，成就了宜州独特的山水魅力。

这块风水宝地，养育了华夏第一寿星蓝祥。关于长寿文化的历史记载、寿仙遗迹、一川风物，给宜州城注入了深厚的长寿文化底蕴。

而养育了华夏第一寿星蓝祥的宜州，这片土地蕴藏了多少未解之谜？从两千多年前延续至今的繁华与富足，这片土地一直保持着“鱼米之乡”的传奇。

▲ 古龙河漂流　李增英　摄

历史，是通往现实的桥梁。

古老而年轻的宜州城，它本身就是一部充满神秘与传奇的伟大画卷。

宜州建置始于公元前111年，即汉武帝元鼎六年，制定周县，朝廷希望以周礼教化当地黎民百姓。自公元630年，即唐代贞观四年始，这里均为历代州、郡、府、路、司等行政地区的治所，也是历代显要名流和迁客骚人任职、迁谪、考察、羁旅之地。宜州自古以来就是桂西北的经济、文化、军事重镇，是南北文化交汇出彩的地方。

而最令宜州人自豪的是，这里的山水养育了华夏第一寿星蓝祥。

“烟霞养性同彭祖，道德传心问老聃”是嘉庆皇帝为寿星蓝祥所题御诗里的句子，看得出这一方水土养育的黎民百姓礼让恭谦的善良本性。

宜州，历史文化积淀深厚。

泱泱中华几千年，孔子所推崇的周礼思想对中国社会影响深远。

汉武帝元鼎六年，将宜州这片南越之地命名为定周县。当地百姓性格率真淳朴，官府以“定周”为县名，旨在以周礼教化黎民。

宜州的山水自古令人神往，空气清新爽神，龙江河清澈神秘，山峰高耸峻拔，这片土地将大自然的鬼斧神工展现得淋漓尽致。

▲ 好山好水长寿地，宜居宜旅歌仙乡。 冯建国 摄

徐霞客在他的游记中对北山赞叹道："绝顶中霄汉，江流如带横于下。"

迄晋，定周县改名为龙刚县。这条美丽神秘的龙江河与峰峦雄伟的北山（一名会仙山）同时见证了这一历史。

清澈的龙江河，时而潺潺悠悠，涟漪荡漾，舒缓如静静的处子；时而汩汩滔滔，以卷起千堆雪的霸气湍急，一泻千里，气势磅礴。

传说，这条河里有龙出没。

《宜山县志·纪地》载："龙水县有龙江（《九域志》）。在城北一百步，江道如龙故名（《方舆胜览》）……水深岸陡，形势异于泉水，故老相传旧神龙所开，郭邑名龙水（《寰宇记》）。"

唐太宗贞观四年（630年），朝廷将龙刚县改为龙水县。

唐贞观年间，此地还传说有白狼出现。对于这一传说，《宜山县志·灾祥物异附》记载："贞观二年三月，白狼见。"

在中国古代，白狼是代表祥瑞的动物。据战国魏国史书《竹书纪年》记载：

“有神牵白狼衔钩而入商朝。”《帝王世纪》载：“汤得天下，有神獐、白狼衔钩入殿朝。”

我们摒弃迷信的色彩看当时宜州的“白狼见”事件，可以想见这方水土是野生动物的天堂。《宜山县志》载，元朝的时候，“广西庆远路有异禽双飞，见于述昆乡。飞鸟千百随之，盖凤凰云”。时至今日，水上飞白鹭、山中鸣猿猴、林间现珍禽，都是宜州常见的景致。

外地游客说宜州人环保意识强，宜州人说自己的家自己爱惜。

这是一个宜山宜水宜人的神仙福地。

宋徽宗宣和元年，龙水县改名为宜山县。

《宜山县志》中有关于“宜山”的记载：“县北一里。群山多高大，此独卑小，下临龙江，宜于登眺，故名。”

宜山县得名，从1119年至1993年，历经了八百七十多年的岁月沧桑，这个名字用得最久。

“雄鸡一唱天下白”，新中国成立后，于1949年12月27日成立宜山县人民政府。

1993年9月9日，经国务院批准撤销宜山县，设立宜州市，为县级市，由河池地区代管。

日月变换，沧海桑田。时至2014年，宜州撤县设市已是21周年……

我们人类并非仅仅生活于简单枯燥的环境中，那鼓噪于我们灵魂深处的思想长河，时常波涛汹涌。

生活在龙江河两岸的人们，有一百种理由感谢龙江的赐予。

如果以时间和空间为轴形成一个坐标系，将广西壮族曲折发展的文明历程绘成一条回环往复的函数曲线，那么，这条文明曲线的空间轴最大值坐标当是宜州无疑。古代宜州民谣唱道：“天下大乱，此地无忧。天下大旱，此地半收。”

据资料记载，古老而神秘的龙江河，发源于贵州省三都县月亮山下，从贵州高原奔腾而下，穿流于高山峻岭间，一直向东流淌。它流经的地方，有一个闻名遐迩、蕴含着丰富历史文化和独特奇山秀水的名城，这就是宜州市。

如果你来宜州探秘访古的话，随意到一条街道，很容易听到老宜州人常说的一句话："宜州和龙有着不解之缘。唐贞观年间，宜州便叫龙水县，境内那条如龙之躯的河流就叫龙江河。"

那风景如诗如画……

龙，是中华民族的图腾。

龙，又是一个吉祥美好的字眼。

古人称"龙有九似"，认为龙是兼备各种动物之所长的神物。龙的名字很多，有鳞的叫做蛟龙，有翼的叫做应龙，有角者的叫做多它龙，没有角的叫做虬龙，小型一些的名蛟，巨者称龙。在传说中，龙既能够显形也能够隐身，有神龙见首不见尾的说法。可粗可细，能短能长。民间有关于"二月二，龙抬头"、"春分登天"、"秋分潜渊"的说法，认为龙呼风唤雨，无所不能。

《山海经》记载，夏后启、蓐收、句芒等的坐骑就是雨龙。另有文字记"颛顼乘龙至四海"、"帝喾春夏乘龙"。在神话中，龙王就是主宰降雨的，龙在民间象征着祥瑞，是古代帝王的化身。

中国古人相信，只有太平盛世才会有龙出现。

在中国古代传说中，龙一直迸发着气度恢宏、壮丽辉煌的文化色彩。而宜州这条名为龙江的河流，更是与龙有着千丝万缕的联系。

勤劳、善良、勇敢、祥和的壮族人，在这条河的两岸述说着他们民族的神龙掌管河流的故事……

传说古代的时候，有一年天下大旱，各地官员设坛致祭，以祭雨师之仪祭请龙王降雨。四海龙王到各地布雨之后就回天庭复命，而当时随四海龙王一起来宜州布雨的，是东海龙王敖广长子金龙，它一来宜州就舍不得离开，

▲ 在寿星蓝祥的家乡，石别青潭“草龙节”的风俗延续至今。 韦炳华 摄

于是请求父王奏请上天准许其留在这里。

玉皇大帝当时十分好奇，哪里的人间山水竟然比天上仙境还要美，令它如此留恋？

金龙说它喜欢当地山水还是其次，最主要的原因是这里的壮古佬人人会唱山歌。它每天都与他们对歌，大家约定，如果有一天谁对不出来唱不下去了，谁才可以退出。

玉皇大帝觉得代表天上神仙的龙不能让地上的百姓看不起，于是就答应金龙留下和当地百姓对歌。于是，这一对歌，就对了几千年不停不歇。

这条河因为有龙居住，龙能兴云雨、利万物，宜州连年丰收就没旱过。这里的人们生活富足，粮食吃不完就酿酒，每天都与金龙对唱山歌，共饮美酒，快活似神仙。

关于宜州龙江河与龙的传说，还有很多。当地的老人讲，唐朝时期，一个渔民逢雷雨天在龙江河边（今天的一桥）收网的时候，曾看见过马首凤尾、身披鳞甲、头有须角、五只金爪熠熠发光的小金龙。

当地的老人还讲，乾隆年间，大雨洪流，应时甘润，不止一个人看见过那龙条。

《宜山县志·灾祥物异附》载："怀远双江口，一大鱼浮游水面，殆千斤以上。"

今天看来，当年人们所见"金龙"可能是某种非常大的鱼，这说明宜州的河是水族的天堂，非常适合鱼类生长。

宜州山水——"宜"虽然就一个字，但它写满了得天独厚的自然条件。

《宜山县志·灾祥物异附》载："雍正十一年六月，庆远府有云一朵见西北方。红紫气万丈，盘旋如龙，自辰至未始散。"

就是现如今，在去年农历端午节前几天的时候，也有人说看见天空倒影在河面上的红霞恰如龙的影子显现。

过去的人们不识科学，会给大自然的奇异现象加上神秘色彩。如今看来，宜州不论过去的“红紫气万丈，盘旋如龙”，还是今天河面上的似龙红霞，都说明一个事实：宜州拥有神奇的自然景观。

也许人们会说，龙，只不过是传说。

可是，世代生活于龙江河两岸的人就是相信他们生活的这条河里有龙居住。

因为，他们说他们的祖先有人真的看见过。

因为，宜州两千多年来一直是风调雨顺。

因为，我们就是龙的传人。

所以，当一个人相信自己祖先的时候，他就能创造奇迹。

反正，在中国的老百姓眼里，“龙”就是神灵的化身，宜州龙江河两岸的百姓们希望自己的儿孙喝着这条河的河水长大成人之后也能成“龙”。

望子成龙的愿望就像一棵树，日夜生长，向天空张开手臂。

心中有梦，人生醉美……

母爱无言，龙江河就像一位无私的母亲，总是一直默默地守护她的儿孙，她繁忙地输送着建设这座城市所必需的物料，孕育着宜阳八景，辉煌着名城古镇，为沟通东南西北的经济、文化发挥了巨大作用。所以，宜州人可以自豪地说，整个宜州城都是由龙江河养育的。

当年宜州的繁华正是贯通南北交通的龙江河输送之功。所以，说龙江河是宜州人养家糊口的母亲河，一点也不为过。

这条河流恰似一条绵长而又柔和的玉带，它一头系着宜州，一头又连接着大海，就这样蜿蜒流淌了千百年。时光荏苒，风云变幻，它始终贯穿南北，横亘古今，激荡着壮民族的勇敢和智慧，目睹着河两岸周围发生的故事，如一首生生不息的歌仙刘三姐的山歌。直到今天，来宜州旅游的人大都会乘游船游河。河上时常有游船过往，这些游船点缀并见证着这条河的生命力，就如那个永不干涸的诺言：

▲ 壮古佬民俗村唱着山歌等你来　罗爱群　摄

▲ 壮古佬月夜　冯建国　摄

三姐
广西电视台资

▲ 小彩调　韦炳华　摄

▲ 刘三姐形象大使

▲ 宜州山歌多如海，央视省台走进来；五湖四海来相聚，刘三姐的大舞台。

天下大乱，此处无忧。天下大旱，此处半收。

这也是记载流传于清代庆远府（今宜州市）的一首古代的童谣。

从古谣中可见其自然地理环境之特殊与优越。

宜州市处于西江水系干流龙江河的中游，水路上溯河池、环江，下通柳州、梧州，航运十分便捷。

龙江河奔流而来，宜州的许多物产就是经由龙江河“流过来”的，这使得宜州百姓的正常生活得到了保障和丰富。

虽然在现代化高速发展的今天，传说中的宜阳八景大多已变成了记忆，但人们一直深受龙江河的恩泽，人们的日常生活依旧与它有着紧密的联系，正因为如此，人们对母亲河的重要作用与地位的认识也与日俱增。

当时间进入新世纪，人们愈加意识到，该更多地回报母亲河，否则视为不孝。于是，宜州人开始了“打造宜居旅游名城”的世纪壮举。

近年来，宜州市以“巩固提升，打

▲ 三姐故乡情似火，铜鼓喜迎八方客。　冯建国　摄

造形象，形成品位”为新的建设目标，尤其是2013年的那股清新之风吹得广西四季如春的时候，宜州开展“美丽宜州、清洁乡村”活动，更是加快了精心打造宜居旅游名城的步伐，让刘三姐故乡、寿仙蓝祥的家乡变得越来越美丽。这里的人们热情好客，刘三姐的后人们天天“唱着山歌等你来”。在宜州市冯京路冯京公园内，市浩运旅游客运公司的一排排几十辆统一标志与颜色的高档豪华空调大巴整装待发，迎送天下宾客。而整个宜州，早已张开热情的手臂，准备随时拥抱来自远方的朋友们……

目前，宜州正进一步贯彻落实自治区党委、自治区人民政府关于加快旅游业跨越发展的战略部署，扎实推进宜州市创建“广西特色旅游名县”工作，努力把宜州市建成具有刘三姐壮族文化特色的旅游名县。

这条河流就像一件传世珠宝，美丽玉石，正被人们一下又一下地擦拭。

第二节　铁链古舟：橄榄形的宜州城

宜州古谣云："铁链锁孤舟，千年永不休。天下大乱，此处无忧。天下大旱，此处半收。"这首从盛唐时期开始流传于宜州的民谣，就是关于宜州地形特点的一个总括，至今在宜州仍是妇孺皆知。这首民谣里的"铁链"是指城南连绵不绝的石花，徐霞客称之为"排石"。

宜州是橄榄形的，宜州的城区也是橄榄形的。

民间流传着的宜州这只"舟"，是独一无二的。不论"天下大乱"也好，"天下大旱"也罢，此处都不会闹灾荒与兵乱，就算天下闹灾荒与战争，这里至少是"半收"，所以"此处无忧"，人们生活的地方就是世外桃源。

中国民俗，家有小儿，父母若特别疼爱，总是打金银的长命锁为其孩子佩戴，以求上苍庇佑。

宜州，其橄榄形的地形，天地造化，就像上苍打造的一把长命锁，世代庇佑着这一方水土上的黎民。

宜州城区东西狭长，就像一只橄榄，又像一艘小船，它的北面是龙江河，水上石林延绵十余里，从空中俯瞰，就像美人玉颈上的一条珠链。

宜州的这个橄榄形状的地形，我们还可以从《庆远府志·地理志》的描述中看到它的形象，从宜州城南的关口出发，站在较高的地方，宜州整个城区这只橄榄形状的古舟，又像一块椭圆形状的长命锁，系着一条细长的挂链，不禁让人遐想，有一只神奇而无形的手，在提着它，向世人展示着这件珠宝。

无论是从城南登哥山，还是登城北的北山，这座城的全貌尽可收入眼底。

▲ 龙江水上石林　韦炳华、李增英　摄

有龙居住的河水之岸，停泊着象征和平橄榄的古舟。

有龙居住的河水之滨，镶嵌着象征康寿无边长命锁。

《庆远府志·地理志》引旧《志》云：“郡城如舟形，东西南三关外平衍十余里。”

橄榄形的宜州城，古谣里的“铁链锁孤舟”一句，也有“铁锁练孤舟”的说法。这一句，还在《红楼梦》第四十回里出现过，贾府酒宴鸳鸯行酒

令，鸳鸯道：“有了一副。左边是‘长三’。”宝钗道：“双双燕子语梁间。”鸳鸯道：“右边是‘三长’。”宝钗道：“水荇牵风翠带长。”鸳鸯道：“当中‘三六’九点在。”宝钗道：“三山半落青天外。”鸳鸯道：“凑成‘铁锁练孤舟’。”

曹雪芹的这句“铁锁练孤舟”具体所指，便是广西宜州。

这一个“练”字，也是形容龙江河水澄澈的波纹，碧波如练。这让人

▲ 眺望宜人之州　罗爱群　摄

想起南朝谢朓《晚登三山还望京邑》中的诗句："余霞散成绮，澄江静如练。"应该就是这么个景致了吧。

由此可见，文化宜州古城，美名远播。

那么，曹雪芹莫非曾到过这里？

否则，他怎么会用了我们宜州古谣里的"铁链"与"孤舟"呢？

至少，他是知晓宜州这个地方的吧？

向往过水上石林的吧？

当他耳闻这条橄榄船与那条长长的珠链时，一定会为宜州民谣的"铁链"与"孤舟"拍案欢喜吧。

当他把这只"舟"写进他毕生的心血《红楼梦》时，一定会想"我要去宜州！我要去宜州……"

这是个魅力与美丽并存的迷，谁来解开？

谁来解开这个迷是另一回事，至少，它彰显了宜州古城两千一百多年历史的文化积淀是多么的厚重。

古谣里的“铁链”与“孤舟”，说明了宜州这只“舟”是上天赐予这方水土的宝物。

练，指绢，或指把生丝、麻或布帛煮熟，使其柔软。《周礼·天宫·染人》：“凡染，春暴练。”郑玄注：“暴练，练其素而暴之。”

很早以前，宜州就种桑养蚕了。

在老百姓心中眼里，宜州就是一块风水宝地。

难怪，世代生活在宜州的人总是自豪地说：“这里好住。”

难怪，海外漂泊的游子，无论身在何处，最终，都会被这只命定的古舟载回宜州，他们说：“这里好住。”

古往今来，南北客商，在宜州一住就不舍得走了，他们说：“这里好住。”

金黄的土地金黄的长命锁，上苍似乎早就暗示了这块土地的人寿年丰。

碧绿的河水碧玉的长命链，上苍为这块长命锁打造的挂链也天衣无缝。

宜州人是天地的骄子，受上苍的庇佑。

受上苍的庇佑的天地骄子生活安乐，安乐的生活让这里的人们健康长寿。

第三节 人杰地灵：宝地祥瑞，读书风盛，人才辈出

人杰地灵的宜州，是一个推周礼、尚读书的地方。

宜州，那些巍峨连绵的青山是肩挑三百斤担子健步如飞的壮汉。

宜州，那条碧波荡漾的绿水就是载歌载舞婀娜多姿的多情女子。

宜州人，有山的豪迈，有水的智慧。

宜州在历史长河中形成的开放包容的文化由来已久，多民族和谐共居的生活方式一直谱写着和谐的音符，在各民族多元文化共生中形成开放共享的

▲ 少年冯京读书的地方——状元山　冯建国　摄

人文心态。

宜州的历史文化底蕴深厚，它与历代众多名人有着不解之缘，形成了独特的名人文化。宋代三元及第的状元冯京出生于斯，宜州状元村的老人们常会指着屹立于村中的那座青山告诉你——看，那就是状元山！冯京出生的状元村里的那座青山也因此而得名。宋代名臣、铁面御史赵抃曾任职宜州，赫赫有名的杨家将杨文广曾任宜州知州，著名诗人黄庭坚流寓于此并在此驾鹤西归，明代地理学家徐霞客曾到宜州旅游考察，太平天国翼王石达开与部将登临会仙山，留下了气壮山河的诗篇，近代军事理论家蒋百里、科学家竺可桢、艺术家丰子恺、国学大师马一浮、数学家苏步青等名人也曾驻足宜州……

关于宜州人的老乡——三元及第的状元冯京，《宜山县志》载，宋冯京祖墓在城北三里拜相山麓。《方兴胜览》曰，其祖茔在龙江浪埠之北天门山麓。《粤西丛载》载："三元冯京父商微时，与其祖烧灰于郡北岸山，其父死山上，归谋棺营葬，蚁集土封尸成墓。后商生京。"

我们从这些记载中可知，冯京的家庭是没有什么背景的，并不富裕。在这个家庭未发达显贵的"微时"，他的父亲、祖父还在山上烧煤炭。

《粤西丛载》又载："京中三元，官至参知政事，号其山曰天门拜相山，又曰状元山。其地乃照天烛也，其光在顶，适毙于绝巘之巅，最为奇穴。廖金黄题曰：'一山正，一山斜，状元出自别人家。'后京发解于江夏，果奇验。"（府志）

冯京是一个没有显赫家世背景的人，他的成功全在于他自身的努力奋斗，是这片水土滋养了他……

冯京是宜州人永远的骄傲……

冯京令宜州人引以为荣的，不是他三元及第后当了多大的官，而是他自幼的聪明好学。

这里的人们每每教育自家孩子，总喜欢说："冯京像你这么大的时候

▲ 太平天国翼王石达开唱和诗刻　韦炳华　摄

▲ 山谷祠　冯建国　摄

▲ 霞客亭　韦炳华　摄

▲ 冯京祖父墓碑　冯建国　摄

啊，读的书有几箩筐了……”

他们会指着那座状元山说，看，冯京小时候经常一大早就爬上山读书，有时读到天黑了才回家。

我的家乡：“头戴平天冠，脚踏万年河，左手攀龙角，右手搬骆驼，前院九龙来戏水，后院龙尾通天河，日间千人朝拜，夜里万盏灯火。”

这段话，就是北宋年间三元及第的宜州状元冯京在一次宫廷宴会上向宋仁宗呈报其家乡的诗句。

诗中，“头戴平天冠”指的是宜州天门拜相山；“脚踏万年河”指的就是龙江河；“左手攀龙角”指的是龙角山；“右手搬骆驼”指的是骆驼山；“前院九龙来戏水”的“九龙”指的是九龙山；“后院龙尾通天河”的“天河”就是与宜州接壤的邻县罗城县（当时称为天河县）；“日间千人朝拜”指的是数千人到宜山庙上香；“夜里万盏灯火”指的是其家住城西龙江北岸天门山下的冯家湾，从茅屋顶可以看见万颗星星。

皇帝听了冯京对家乡的描述，龙心大悦，不禁击掌大笑：好地方！宜山真是地灵人杰的好地方啊！

这个地方的人自古多以读书为荣。

喜欢比谁家的书多，比谁家的孩子“读书读不读得去”。

但是却很少听见有谁比谁家的孩子做了大官发了大财，如果有人炫富比阔，宜州人总是嗤之以鼻，不屑一顾，“哼，那种人……”

人们认为，读书识礼，人品第一才重要，德行第一才有出息。

这里的人们认为，古往今来许多世家，无非积德。天地世间第一人品，还是读书。

因为，“读书即使未成名，究竟人高品雅；修德不期获报，自然梦稳心安”。

“为善最乐，读书便佳。”

所以，自幼聪明好学的冯京，长大为官后正直不阿，与这一方水土的民风习俗、传统教化关系密切。

当地的人们都说，冯京是他父母积德得来的。

冯家一直无子嗣，一天，为人善良大度的冯妻劝丈夫纳一小妾传宗接代，冯氏买回一年轻女子，但那女子一直啼哭不止。冯氏了解后得知，那女子卖身葬夫，家中还有待哺的幼儿，实属无奈。冯氏夫妻见那女子可怜，就送钱送米与她，并放她回去。女子千叩万谢而去。冯妻安慰丈夫道，好心一定会有好报的，相信老天一定会赐给我们冯家一个孩子的。当天晚上，冯妻瑞相入梦，她梦到一队人马敲锣打鼓进她家来，说是京城的状元来了。果然，当年她就怀孕生了麟儿，取名冯京。

当地人就说，可见上天对心存善德的好心人所赐的福报是相当明显的。

所以，当地人一直都以善心善行为本。

据说，冯京一出生就喜欢笔墨书籍，周岁抓生的时候，他一手抓笔，一手拿书。当时在场一起吃酒席的人都说，这孩子天生就爱读书，长大一定有出息。

果然，冯京15岁之前就已经读完了《易经》、《论语》、《中庸》、《大学》等四书五经。

冯京小时候很早就懂事，从不贪玩，一有时间就拿起书本。

村里和他一起上私塾的小伙伴来找他玩，他就说要看完手上这本书才玩。小伙伴们说今天在学堂不是听先生讲了那么多了吗，再说都放学了，就别看书了。可他却是个十分勤奋好学的孩子，性格倔强，天生不服输，说他一定要把明天先生要教的现在背会才行。

有时候为了逃避小伙伴们吵他玩耍，私塾一放学，他就一个人爬上家里后院的那座山上去看书，不看完就不回家。

小冯京，在学堂的小伙伴里，成绩从来都是全班第一。

冯家湾的乡亲常常用小冯京好学的事例来教育自家孩子，别玩那么多了，快去和冯京一起看书吧。

小冯京最大的爱好就是读书。

有一次，学堂放学后他又上后山去看书。看书看得入了迷，天黑了才下山。下山的时候，一个不小心跌下山崖，当人们找到他时，发现他跌破了头，摔伤了胳膊手里却紧紧攥着书本，连连说，还好还好，书没掉。

还有一次，他在山上看书时，不小心被蛇咬伤了，他随手摘几片红兰草的叶子，嚼碎，敷在伤口上止住血，然后忍痛坚持把书看完。

……

就在这座山上，小小冯京博览群书，学富五车。

这块母性的土地，给了他骄傲与自豪，给了他光荣与梦想……

饱读诗书、满腹经纶的少年冯京，胸有成竹地踏上了考功名之路……

记得出门的那天早上，母亲特意为他煮了一碗香喷喷的面条，里面打了四个荷包蛋，慈爱地看着她的儿子吃完，一脸的笑容充满了关爱与满足。

因为冯京三元及第的缘故，他所出生的冯家湾也因此被称为“状元村”。

在中国一千多年的科举史上，能连中三元者凤毛麟角，仅15位：唐代张又新、崔元翰、武翊黄，宋代为孙何、王曾、宋庠、杨寘、王岩叟、冯京，金代为孟宗献，元代为王宗哲，明代为商辂，清代为王玉璧、钱棨、陈继昌。平均百年才出一人，广西占了两人，其中一个就是宜州的冯京。

据史料记载，冯京出生于宋真宗天禧五年（1021年），其家住城西龙江北岸天门山下的冯家湾。冯京从小就聪明好学，才华横溢。庆历八年（1048年），冯京参加州试，中解元，次年，参加会试，中会元，接着，他参加殿试，中状元，冯京连中三元，人们称他为冯三元。冯京及第后，为官数十年，历仁宗、英宗、神宗、哲宗四朝，先是被任命为监丞，通判荆南军府事，一直到龙图阁侍制、翰林学士、知开封府，出安抚陕西。后除端明殿学士、知太原府。神宗时擢枢密副使，进而参知政事，领导北宋的最高军事机关，与宰相轮班知印，同升政事堂，掌握国家的军政大权。后因受权贵吕惠卿造谣中伤，奏说冯京同推荐他作丞相的大臣私通，神宗偏听偏信，把冯京罢放到知安徽亳州去。不久，以资政殿知陕西渭州，后因抚边有功，神宗也查明吕惠卿造谣中伤，了解冯京正直无私，复召冯京知枢密院，对冯京更为恩宠。

子曰：“君子坦荡荡，小人长戚戚。”

污蔑中伤冯京的小人越甚，冯京越是青云之志不坠。

宦海浪涌，冯京如山不倒。

老百姓都说他是宜州龙的化身，宜州的山山水水都会保佑他，上天也会庇佑他。

龙，呼啸着雷霆，搏击着闪电，在大浪大潮中凭借着正义之气腾云驾雾纵横千万里江河湖海。

宜州龙的化身，冯京，是宜州龙的血脉传承，他一生辅佐仁宗、英宗、神宗、哲宗四位皇帝，为四朝大臣。外调内迁，饱经宦海风浪，其身不倒，就是凭借龙的一身正气！

天密丛之晓，清风一两余。
三长太史笔，二典帝王书。
接武何知者，沾恩匪幸欤！
吐茵平日事，何惮污公车。

看，这位戎马倥偬的“状元龙”正于风雨中伫立在龙江河的岩石之上；听，这位身居要职清正为官的天之骄子正对着如雪的浪花吟唱着诗词。

这诗词，是他一生的写照！

这诗词，是他给家乡父老的答卷！

所以，宜州人说冯京是“状元龙”。老人们都说他就是那条

▶ 冯京公园　冯建国　摄

金龙的化身。

为了纪念这条“状元龙”，宜州天门山上的冯京祖墓年年都会有冯氏族人祭扫参拜。山麓旧有冯家祠，州城及城南南山寺旧有崇祀冯京的三元祠、乡贤祠、三贤祠。今宜州城西龙江北岸建有冯京公园。

人杰地灵的宜州，出龙之传人，三元及第的状元。

祥瑞宝地的古城，聚八方豪杰。

宋代大诗人、四大书法家之一的黄庭坚谪居并逝世于宜州，留下脍炙人口的诗词、日记以及著名的书法珍品《范滂传》。明代地理学家、旅行家徐

霞客在宜州考察三十多天，在其游记中留下了两万多字对宜州山川风物进行了精彩描叙。清朝著名的学者、诗人和词家郑献甫就有赞誉德胜红兰酒的绝妙佳句“人言德胜酒，色夺洞庭绿”、“闻香十里远，开坛千人醉”。郑献甫厌倦了官场宦海昏暗，辞职归里，“教授诸生”，他先后在宜州、柳江等书院任讲席，兢兢业业，呕心沥血，造就了大批人才。其中，他在宜山（今宜州）庆江书院、德胜书院长达八年，为宜州培养了一大批人才。抗战期间，浙江大学迁至宜州办学一年半，竺可桢、马一浮、丰子恺等一大批文化名人给宜州输入了一股新鲜的活力与红色历史文化元素。

千年州郡，三姐故里，唱起一首首壮民族热辣纯朴的山歌，远山近水嘹亮而清脆的回声由远及近，穿越两千一百年悠悠历史长河和七十多年的红色峥嵘岁月，在龙江之洲，在下枧之湄，在群山之巅，在坝头之岭，在文庙之苑，在标营之空，泛起层层涟漪，响起阵阵回声，那是天庭的万马雷霆轰然滚过67万壮乡儿女的心中、滚过一代又一代浙大人的心中，凝结了一个永远的主题：“求是”精神——共同的传承！

两千一百年的历史长河啊，如歌如诗，溯流而上，沿河而走，情绪如水……

我们以定周编钟的左音右韵，以龙刚丝竹横吹的前韵后律，以龙水琵琶的玉盘之珠，以宜山彩调渔鼓词曲的腔调音韵和风雨雷电的铜鼓铿锵，以抗战时期宜山“求是”校训惊天动地的聩响和以《大不自多》校歌荡气回肠的旋律，唱响千年古郡历史恢宏岁月的辉煌，唱响三姐故里壮丽山河醉美的风光，唱响历史与当今的宜州人和浙大人共同的“精神家园”那美丽诗章。

两千年的璀璨记忆，令我们无比骄傲，我们多想跟徐霞客再探一遍神奇的宜州山水，与冯京一道再著一篇锦绣的文章，聆听黄庭坚再吟一首铁城凝重的诗句，仰望石达开登峻岭书一个惊天的石刻，重走竺可桢那条文军长征之路，在“浙大岭”、在文庙、在湖广会馆、在标营——在浙大西迁宜州办学的土地上，唱响我们英雄宜州不屈的脊梁与骨气，唱响我们伟大宜州不屈的尊严与神圣，唱响我们和谐宜州永远的美丽与善良。

宜州，是一块包容的土地。

宜州，是一片和谐的乐土。

智慧的土地生长智慧的历史故事——

善良的土地生长善良的文化元素——

宜州，足以让生活在这片土地上的生命颐养天年，安康长寿……

第四节　史上唯一：清嘉庆皇帝赏赐宜州蓝祥御制诗章及匾额，史料如铁

皇帝为人瑞赐御诗授匾，在中国历史上是第一次也是唯一的一次！

宜州有幸。

蓝祥有福。

宜州蓝祥的传奇人生为什么这么神秘？

嘉庆年间的百姓就说，这是上苍的注定，是“烟霞养性”，是“道德传心”。

宜州除了“状元龙”，还有一条“福寿龙”。

这条“福寿龙”就是中华史上迄今最长寿的老人——146岁的蓝祥。

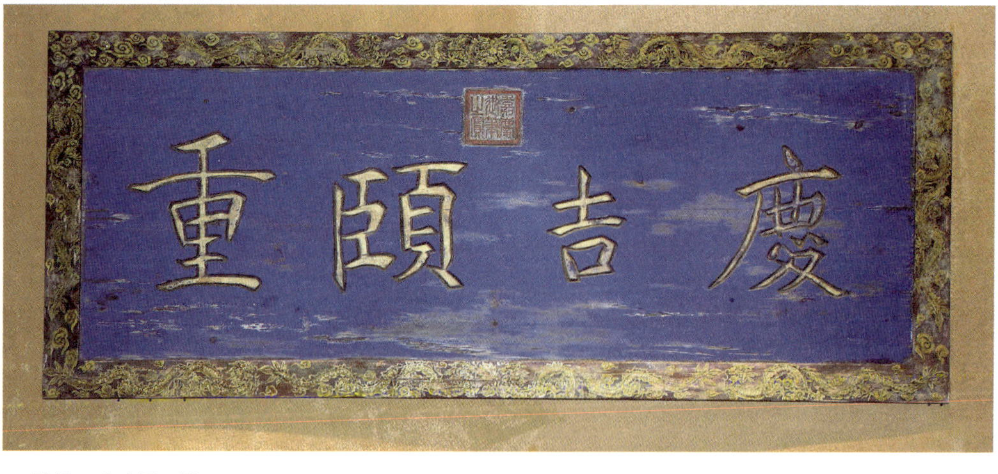

▲ 匾额　冯建国　摄

▲ 御碑亭　冯建国　摄

▲ 宜州博物馆　冯建国　摄

宜山宜水宜人的宜州啊……

史实，真的假不了，假的真不了。

关于宜州蓝祥的长寿掌故，还是让如铁的史实来说话吧。

清朝嘉庆皇帝赏赐时年142岁的宜州长寿老人蓝祥一块“庆吉颐重”御制匾额，并御赐贺诗。

在20世纪80年代初，宜州市发掘出老寿星蓝祥御诗碑后，先是安置在城北白龙公园内，后移址城南的南山碑林之中，并建有一御碑亭作重点文物保护。

目前，御碑原碑已被宜州人小心翼翼地收藏于宜州博物馆内了。

御制匾额：庆吉颐重

星弧昭瑞应交南，陆地神仙纪姓蓝。百岁春秋卌年度，四朝雨露一身覃。烟霞养性同彭祖，道德传心问老聃。花甲再周衍无极，长生宝录丽琅函。

赐广西宜山县永定土司境内寿民蓝祥年一百四十二岁喜成七言用志人瑞

嘉庆十五年庚午嘉平月御笔

此碑出现于清嘉庆十五年（1810年），距今已有两百多年。

御题诗还有另外一个出处：宜州清潭独山崖壁的墨迹，此墨迹今已钙化。

嘉庆皇帝御赐匾额与寿星蓝祥时，蓝祥142岁。

《庆远府志》载：蓝祥于嘉庆十八年（1813年）无疾而终。

清嘉庆十五年皇帝御赐匾额时的蓝祥是142岁，到他“无疾而终”的嘉庆十八年，蓝祥老寿星又活了三年多，因此，他的寿元为146岁。

笔者为了进一步求证，与宜州市蓝祥长寿文化研究会的几位同志到宜州市志办、宜州图书馆查阅了《宜州市志》的有关记载：“蓝祥，男，清代宜山县境内永定土司人。”

在《宜州市志》的“寿星简介”栏目中，为首的就是蓝祥。

据《养生斋余录》卷二载：“嘉庆十五（1810年）年蓝祥一百四十二岁，赐六品顶戴，为近代所罕存者，嘉庆皇帝御赐诗文祝贺。”

《宜山县志》记载，皇帝的赏赐到了庆远府后，官府为了嘉奖他，专门设宴款待。蓝祥的曾孙、玄孙与他同往，“扶掖而来”，已是142岁的人瑞蓝祥“耳目无医障，饮啖过人”。当时的知府还请人为蓝祥画了一幅寿星图，并呈给了朝廷的学士题诗留存。

《庆远府志》记载，蓝祥于嘉庆十八年（1813年）无疾而终。嘉庆十八年，庆远知府将御制诗真迹全文镌刻两碑，分别立于城东百花亭左和永定土司署左。

《宜山县志》载，御碑亭，在城东百花亭左。碑镌御制寿民蓝祥诗并刻署知府梁宝绳、知县周冕恭和诗句。嘉庆十八年建。一在永定土司署左。

《养生斋余录》记载：“其长子已于50年前去世，次子蓝禄113岁，三子蓝寿103岁在村里务农。”

曾做过云贵总督的吴振棫在其《养吉斋余录》中记载道：“广西宜山县民蓝祥142岁，赐六品顶戴，此为近代所罕有者。”

在北京中国第一历史档案馆，笔者与宜州市蓝祥长寿文化研究会的几位同志查找了馆藏清代档案记载中关于寿星蓝祥的档案资料，《钦定大清会典事例》、《大清实录》和《清仁宗御制诗》。

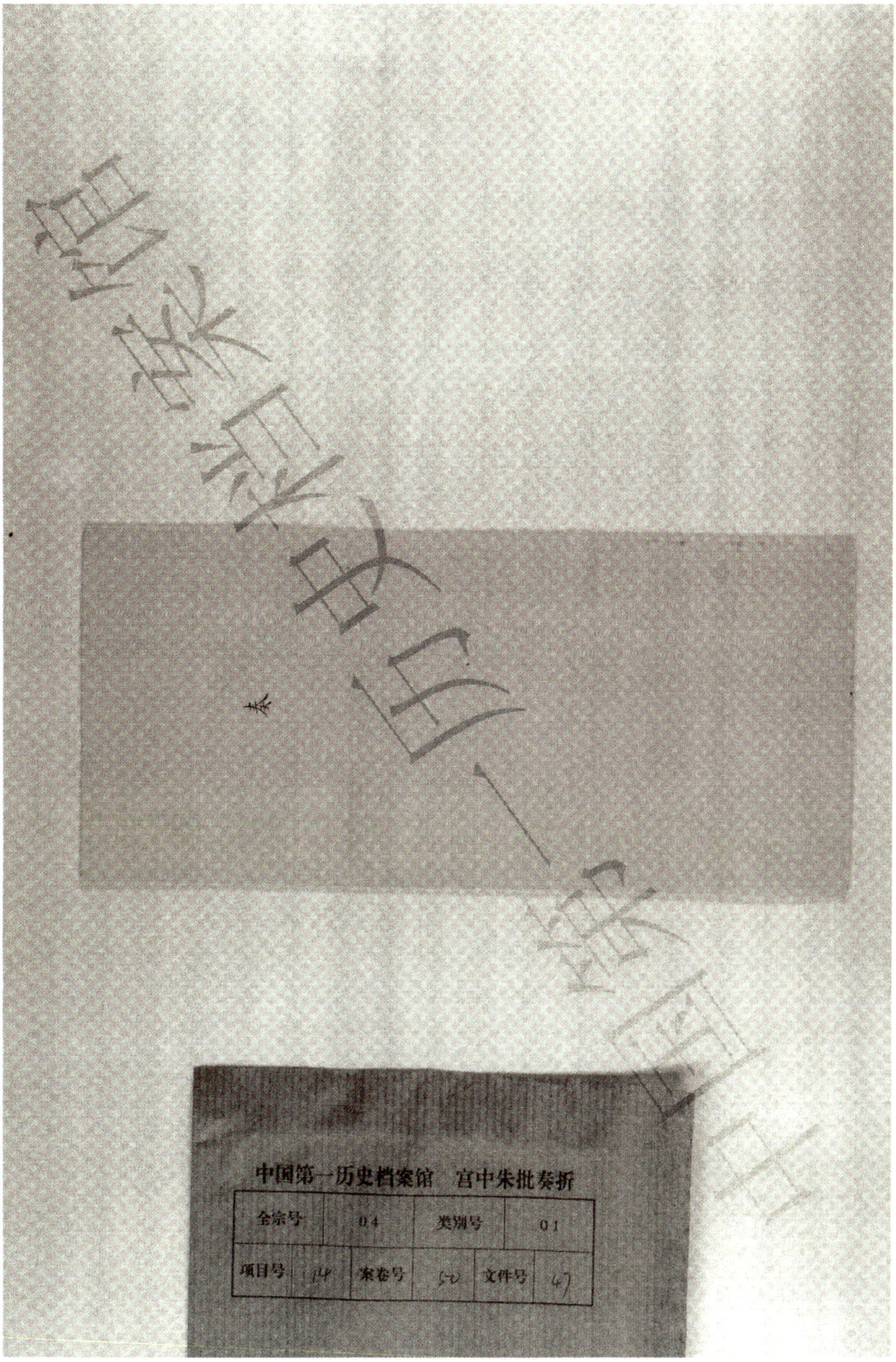

▲ 中国第一历史档案馆 宫中朱批奏折　冯建国　摄

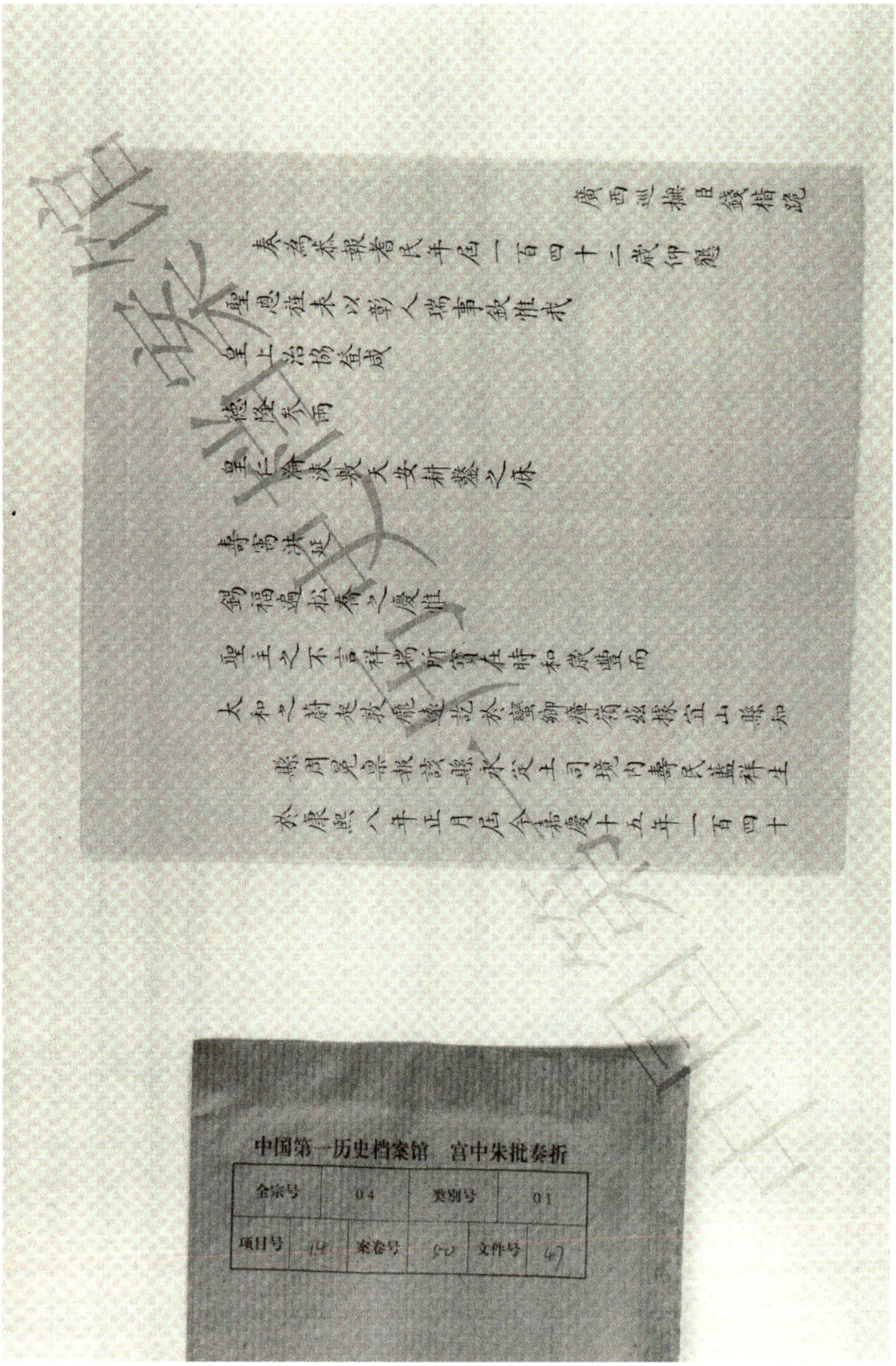

▲中国第一历史档案馆 宫中朱批奏折　冯建国 摄

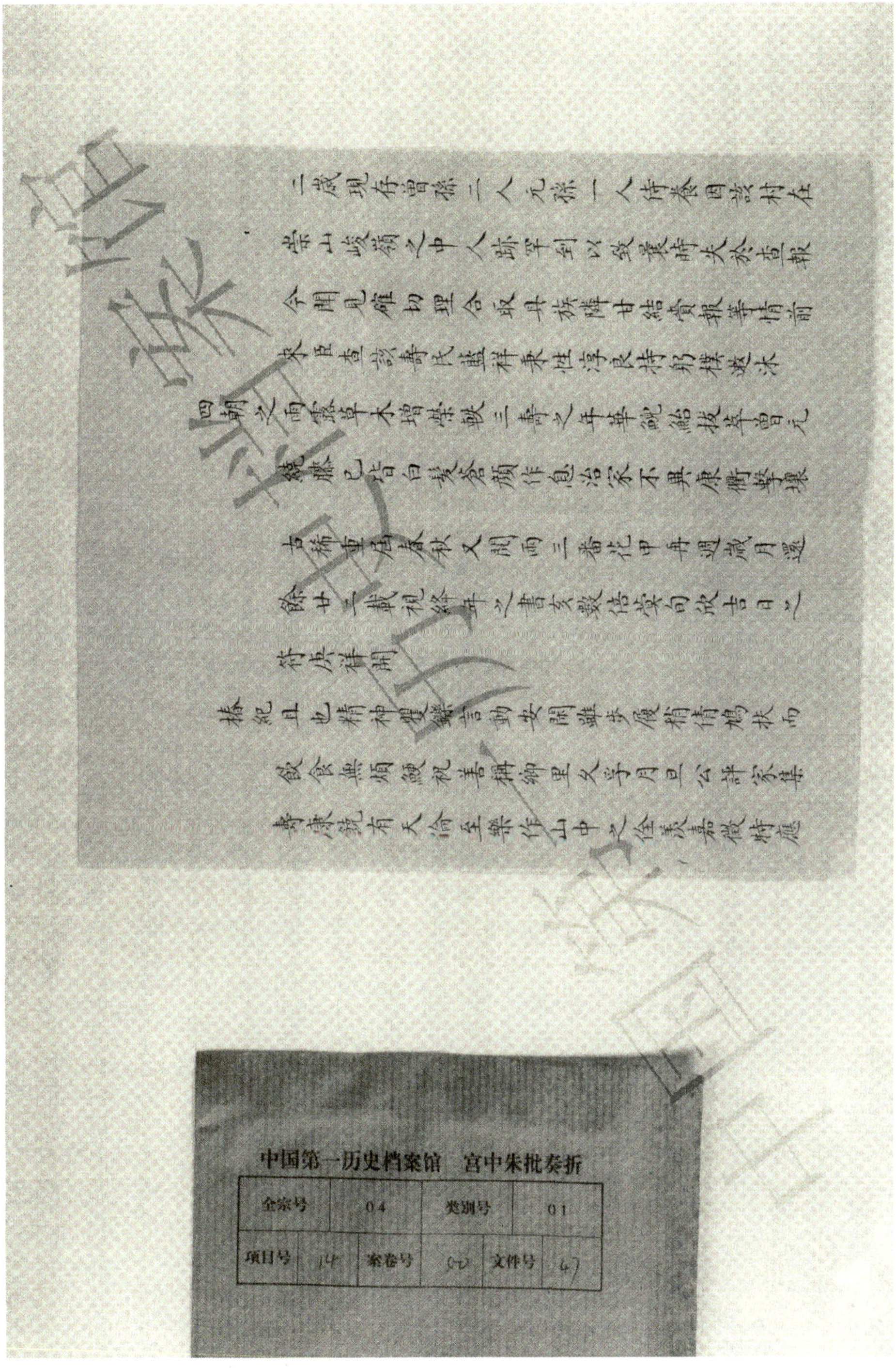

▲中国第一历史档案馆 宫中朱批奏折　冯建国　摄

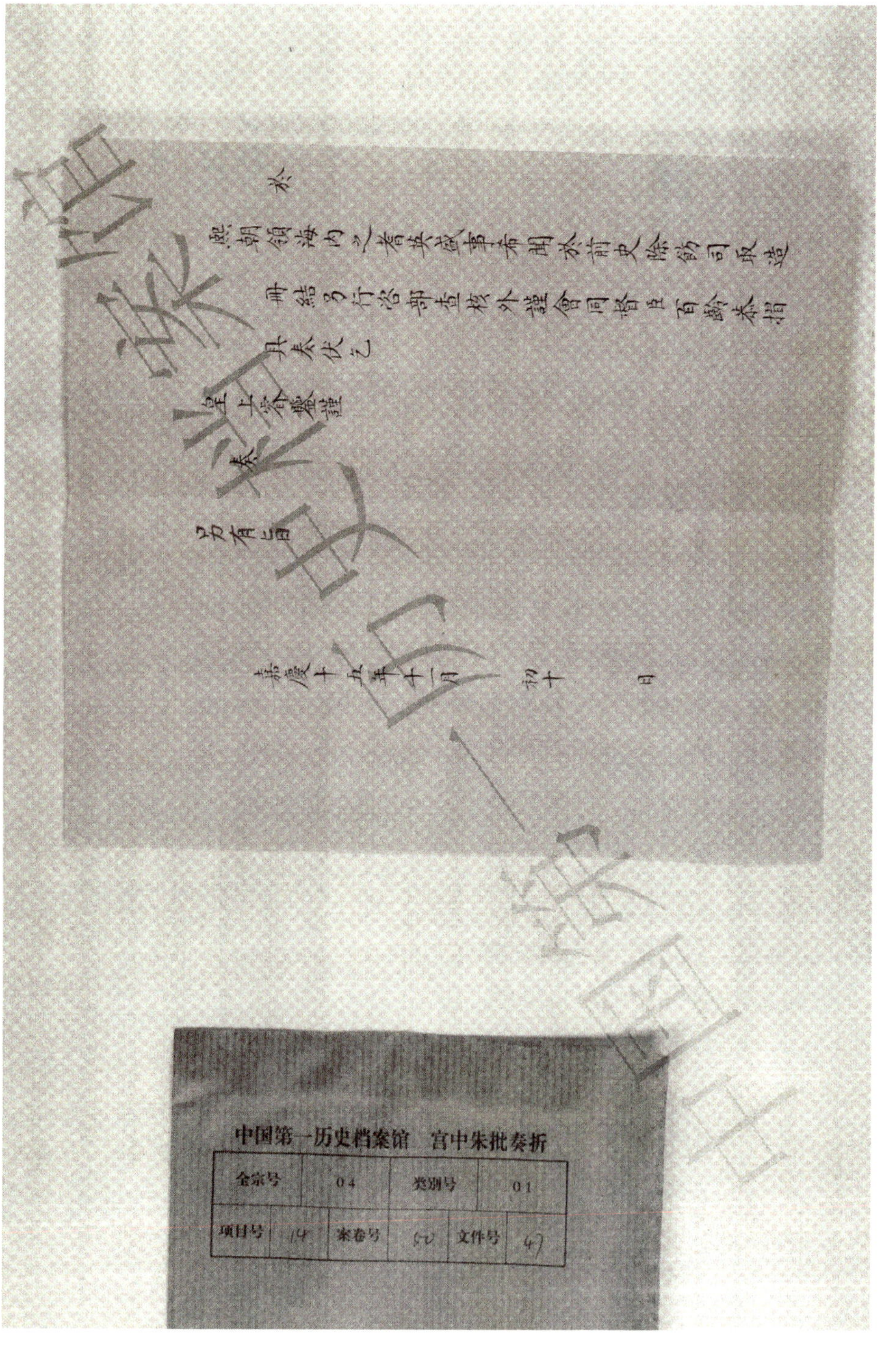

▲ 中国第一历史档案馆 宫中朱批奏折 冯建国 摄

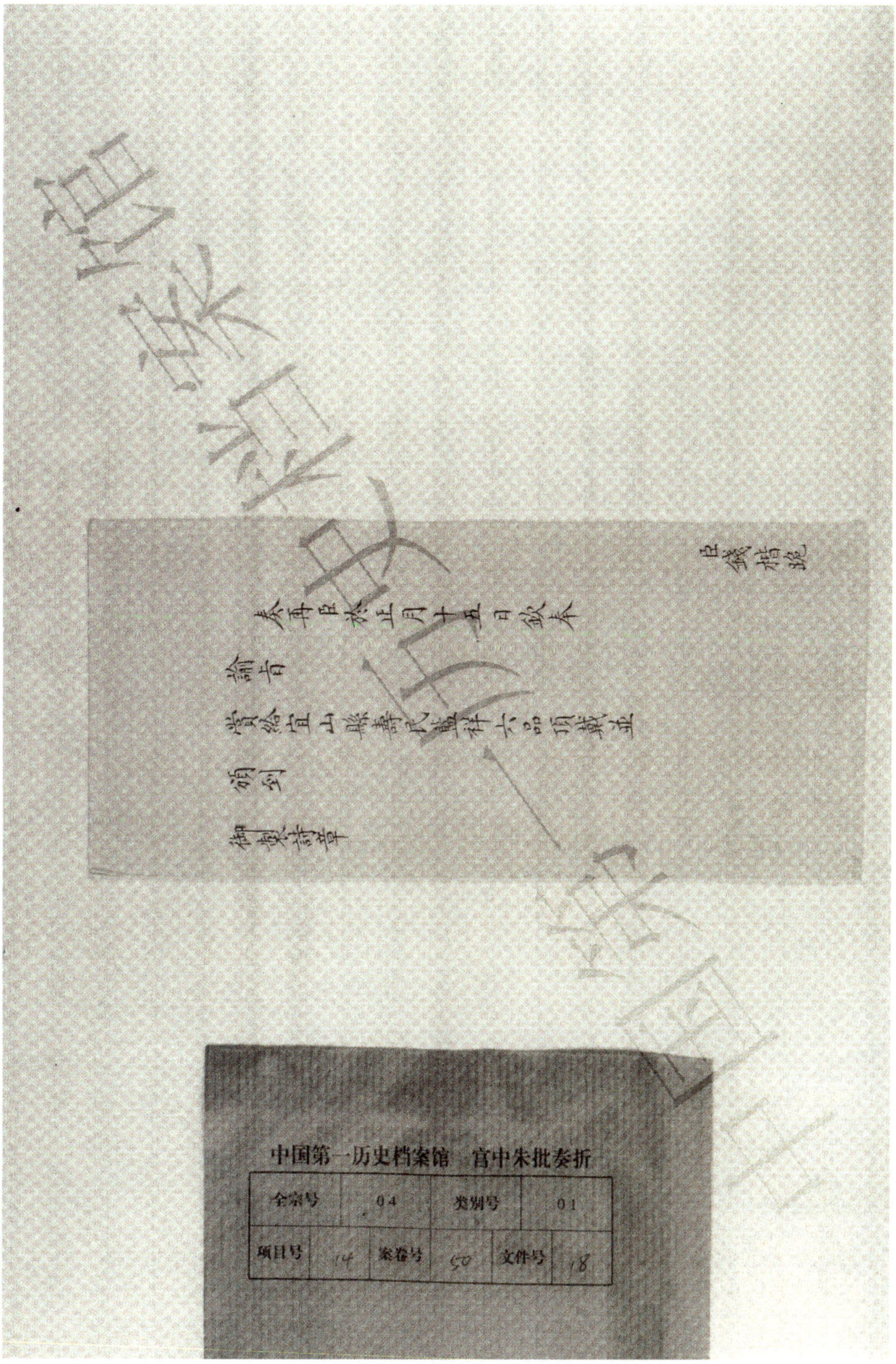

▲中国第一历史档案馆 宫中朱批奏折　冯建国　摄

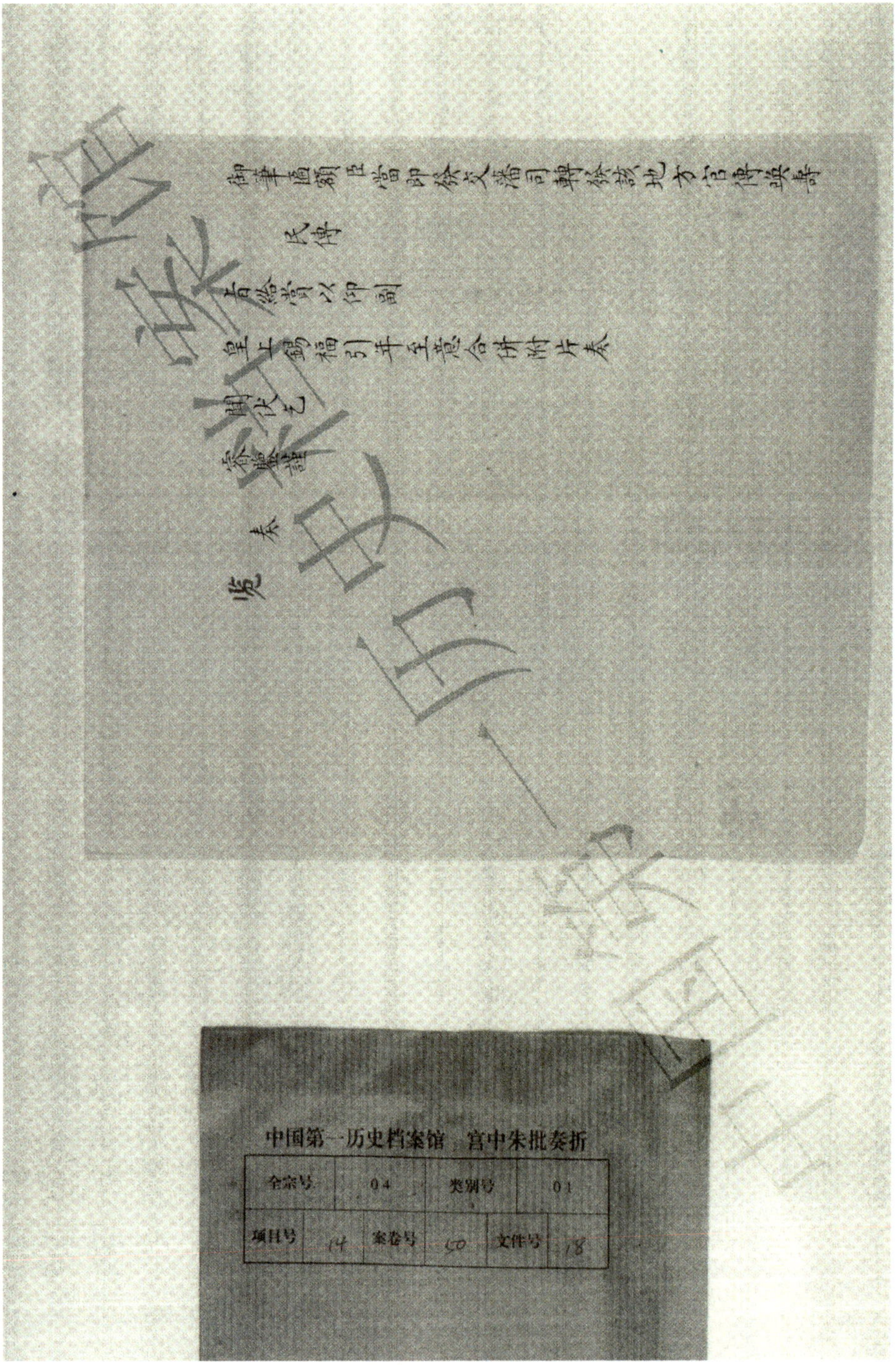

▲中国第一历史档案馆 宫中朱批奏折 冯建国 摄

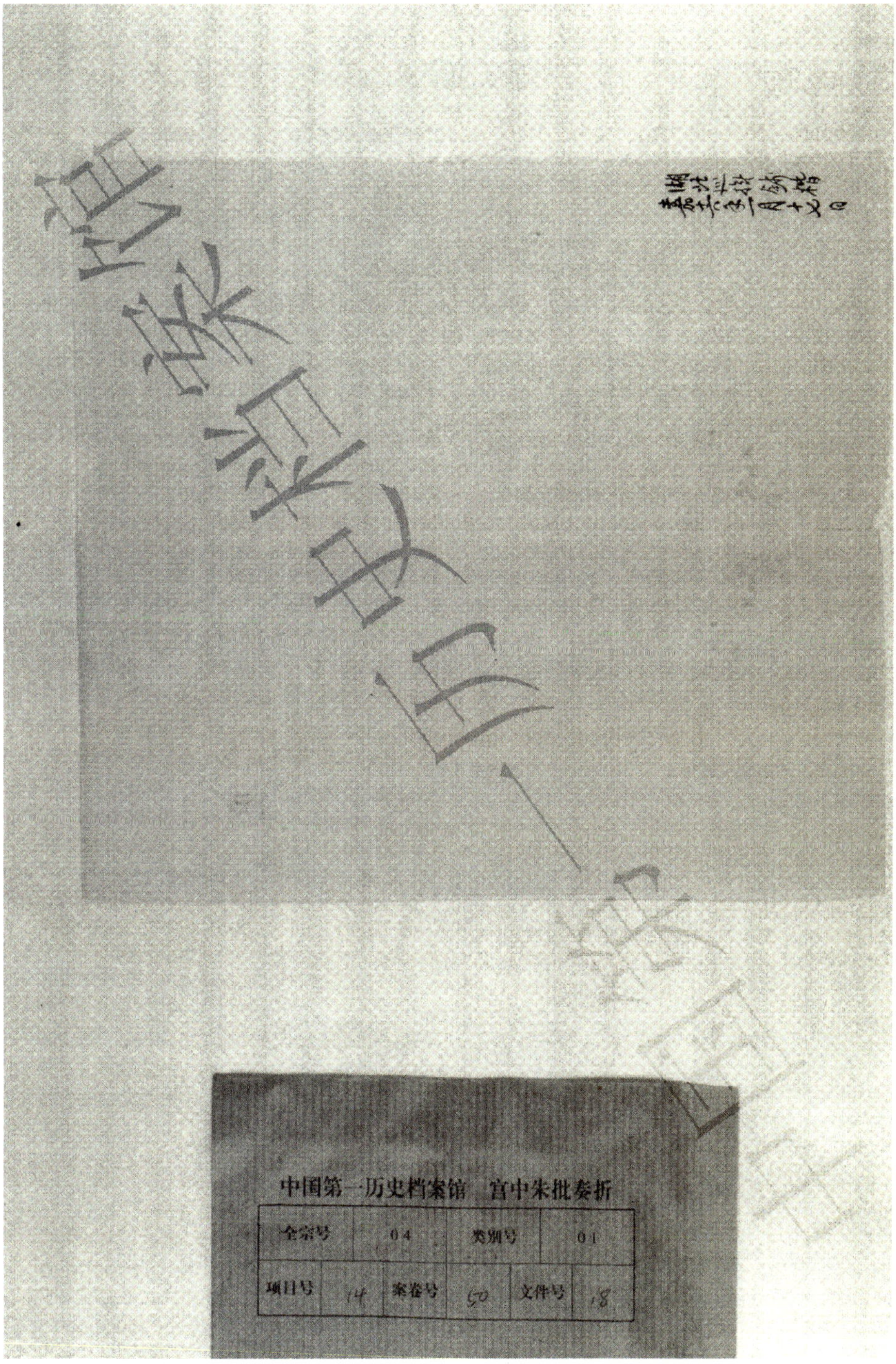

▲中国第一历史档案馆 宫中朱批奏折　冯建国　摄

在这里，我们看到了广西巡抚钱楷给嘉庆皇帝上的奏片。异常激动的我们仿佛回到嘉庆年间，以跪地接旨般的虔诚，宜州市博物馆的同志拍下了这些珍贵无比的照片。

这些档案详细记录了老寿星蓝祥是宜州的人瑞，是“华夏第一寿仙”。

宜州博物馆馆长冯建国找到了历史档案馆的有关人员，将《钦定大清会典事例》、《大清实录》和《清仁宗御制诗》中关于蓝祥的相关图片资料进行了拍照。这些珍贵的史实图片，现存于广西宜州市博物馆内。

嘉庆十五年（1810年），广西巡抚钱楷给嘉庆皇帝写了个奏折：“兹据宜山县知县周冕禀报：该县永定土司（今宜州石别镇）境内寿民蓝祥生于康熙八年（1669年）正月，届今嘉庆十五年一百四十二岁。现存曾孙二人、元孙一人侍养。因该村庄在崇山峻岭之中，人迹罕到，以致曩时失于查报。今闻见确切，理合具族邻甘结赍报。等情前来。臣查该寿民蓝祥秉性淳良，持躬朴素。沐四朝之雨露，草木增荣；轶三寿之年华，鲵鲐拔萃。曾元绕膝，已皆白发苍颜；作息治家，不异康衢击壤。古稀重届，春秋又阅两三番；花甲再周，岁月还余廿二载。视绛年之书亥数倍旬，欣吉日之符庚祥开椿纪。且也，精神矍铄，言动安闲。虽步履稍倩鸠扶，而饮食无烦鲠视。善称乡里，久孚月旦公评；家集寿康，饶有天伦至乐。作山中之佺羡，嘉征特应于熙朝；领海内之耆英，盛事希闻于前史。”

从广西巡抚钱楷的奏折里我们可以了解到，嘉庆十五年，广西宜山县知县周冕发现永定土司（宜州）境内有一位142岁的寿星蓝祥，生于康熙八年正月，蓝祥老人与其曾孙、玄孙住在一起，享受着天伦之乐。蓝祥老人亲历了康熙、雍正、乾隆、嘉庆四个朝代。蓝祥老人秉性淳良，持躬朴素，精神矍铄，饮食超乎常人。据当地百岁老人祖辈口耳相传，蓝祥每餐饮食是常人的三五倍，以当地玉米为主食，喝玉米粥每次要喝十大碗，且以当地山中神草红兰熬酒，每餐均饮一杯红兰酒。

据《钦定大清会典事例》、《大清实录》和《清仁宗御制诗》记载，嘉庆皇帝于嘉庆十五年十二月十六日发出一道谕旨："寿民蓝祥加恩赏给六品顶戴，并特颁御制诗章及匾额外，著礼部查照旧例加等拟赏具奏，以示惠锡敦宠至意。"并御制诗章、御笔匾额。《大清仁宗睿皇帝实录》嘉庆十五年十二月记载："赏广西一百四十二岁寿民蓝祥六品顶戴，及御制诗章匾额。"《清仁宗御制诗》嘉庆十六年记载："广西巡抚钱楷奏报宜山县永定土司境内寿民蓝祥年一百四十二岁，喜成七言，用志人瑞。'星弧昭瑞应交南，陆地神仙纪姓蓝。百岁春秋卌年度，四朝雨露一身覃。'年前腊月中，据广西巡抚钱楷奏报宜山县永定土司境内耆民蓝祥一百四十二岁，且称该寿民秉性淳良，持躬朴素，仰沐四朝雨露，扶携五代曾元。言动安闲，精神矍铄，洵为熙朝人瑞，史册罕闻。既锡以'庆吉颐重'匾额，并成此什书以赐焉。"嘉庆皇帝为这位史册罕闻的寿星"加恩赏给六品顶戴并特颁御制诗章及匾额"，此外，《钦定大清会典事例》还记载，除了赏赐蓝祥建坊银一百五十两外，奉旨再加赏银五十两、缎五匹。当时正六品官员的年俸禄才四十五两银子，而蓝祥得到的赏赐，比当地知府的年俸禄还要多。

而在以后的历史岁月中，历朝历代，虽然也有不少百岁人瑞，但能得到皇帝亲赐御诗匾额的，唯有宜州的蓝祥。

▲ 蓝祥家在雾绕千峰深深处　李增英　摄

第五节　“石鳖”、“福龙”：寿星蓝祥诞生的小山村宜州永定正长官司加峒

临华夏之沧溟，究天地之鸿蒙。

悠远而古老的华夏文明，犹如江河绵邈，吞云吐月，横无际涯，回荡着五千年民族根系的霹雳，奔流东去。

汇入这条河流的每一条小溪，都有各自美丽的歌谣。

《宜山县地名集》有关于石别得名的记载："街头有一石，形似鳖。后习惯写为石别。"

老鳖即老龟。

老龟即长寿。

龟与寿是分不开的。

"龟"字是象形文字：画上一个圈，长四爪，长一头一尾。这就是一头"龟"的样子。

宜州城从南出有23千米，便是石别镇，石别镇与福龙乡，就是清朝时宜州永定土司的领地。

中华史上，第一长寿人瑞146岁的蓝祥，就出生和生活在宜州永定土司境内。

《宜山县志》关于宜州寿星的介绍，位于首位的之所以是蓝祥，就是因为迄今为止，宜州历史上最长寿的要数蓝祥，他可谓寿星之首。

《宜山县地名集》也载：“宜山县境内最后一个土司官衙在永定村委会三寨村，房屋尚存数间。”又载：“寿民蓝祥是当时永定司加峒村人。有御诗碑记载其事。”

石别境内三寨村委三寨屯的独山脚下有明孝宗弘治五年（1492年）设置的永定长官司司署遗址。屯蒙村后山崖壁上有摩崖石刻“镇夷山”三个大字及《命镇夷山记》全文。

▲ 宜州永定土司遗址　冯建国　摄

南出宜州城区23千米，在石别街头北面的山上也有一块大石头，四五米高，果真极像一只巨大的仰天龟鳖的头。

这只巨大的石鳖呈安静卧状，前部突出的部分像龟鳖探出的头颈，头颈上面还有斑驳裸露石块，远望就像是龟纹；石鳖中间部分是它的身躯，上面长满了草与树，经历了许多朝代的风雨，给人一种沧桑感，这就是一块久经岁月的“石鳖”。而那些不规则的凸凹不平的石块与风雨产生的裂痕，极像龟颈，整个石山看上去就如一只栩栩如生的大龟鳖。虽然，这块巨石除了像石鳖之外，乍看没什么特别，但要是盯着它看上几秒钟，就会发现其中的不寻常之处，当你全神贯注、目不转睛盯两三分钟之后，慢慢移动位置，从左到右，再从右到左，你会惊奇地发现，那石鳖的头颈都会跟着你转动，让人以为它是一只活物呢。注意，一定要先盯着看几分钟再移动脚步，才会发现

▲ 仰天神龟 冯建国 摄

它会随你而转，如果你没先盯着看几分钟而是走马观花，你是不会看到它随你转的奇观的。也就是说，你不多看它几眼，它就不会看你一眼，呵呵，有意思吧。这个秘密，外地来的匆匆过客哪会知晓呢？

神奇的石鳖，你为什么那么神奇与通灵呢？

皇皇中华，文化厚重，传说中的四大灵神有青龙、白虎、朱雀、玄武，它们被称为“四护卫神”。青龙为东方之神；白虎为西方之神；朱雀为南方之神；玄武为北方之神，是龟蛇合体。玄武是一种由龟和蛇组合成的灵物。玄武的本意就是玄冥，玄冥起初是对龟卜的形容：龟背是黑色的，龟卜就是请龟到冥间去诣问祖先，将答案带回来，以卜兆的形式显给世人。因此，最早的玄武就是乌龟。以后，玄冥的含义不断地扩大。龟生活在江河湖海（包括海龟），因而玄冥成了水神；乌龟长寿，玄冥成了长生不老的象征；最初的冥间在北方，殷商的甲骨占卜即“其卜必北向”，所以玄冥又成了北方神。《文选》卷十五张衡《思玄赋》曰：“玄武宿于壳中兮，腾蛇蜿蜒而自纠。”李善注云：“龟与蛇交曰玄武。”《后汉书·王梁传》：“《赤伏符》曰：王梁主衡作玄武。”李贤注云：“玄武，北方之神，龟蛇合体。”玄武为水神、北方之神。《后汉书·王梁传》：“玄武，水神之名。”《重修纬书集成》卷六：“北方玄武所生，镇北方，主风雨。”“玄武”即龟。《礼记·曲礼上》云：“行，前朱鸟而后玄武。”“玄武”乃龟蛇。《楚辞·远游》洪兴祖补注：“玄武，谓龟蛇。位在北方，故曰玄。身有鳞甲，故曰武。”“玄武”为龟蛇的神物。

在四方的神灵中，根据《山海经》的说法，龙生九子，第六个儿子样子似龟。相传上古时它常背起三山五岳，它能兴起巨风掀起大浪，后被夏禹收服，为夏禹立下不少汗马功劳。它又称石龟，是长生不老和吉祥如意的象征。

相传，当年龙的一个儿子一直留在宜州的龙江河与当地村民对山歌，龙的其他几个儿子十分想念它们的兄弟，就派六弟神龟偷偷下界来探望他。

神龟一到宜州就喜欢上了这里的山水，喜欢上了这里的人们。它觉得这里的人们一边干活一边唱歌，太开心了，连辛劳的劳作都不认为是苦累，于是，就不想走了。

这样一来，他就时而幻化成孩童与村里的孩子们玩耍，时而幻化成老翁与大家喝酒。

春耕农忙时，他兄弟辛勤布雨，而他就幻化成一位壮汉，与大家开荒种玉米，负责搬运沉重的石块。等到农闲时他又四处找人玩耍，学唱山歌。

有一次，红兰姑娘酒作坊新酒酿就，村人相约请这个不知名却经常帮大家干重活的好人喝酒，他十分高兴，由于那酒是红兰草酿成的，十分香甜，他喝干了红兰姑娘家酒坊所有的酒，现了龟形，被天庭责令召回。

可是当地的老百姓都舍不得他走，就唱了首山歌和天庭打赌。

天上太阳光最明，龙里神龟最有劲；
给样东西它来驮，驮动准它回天庭。

天神一听，马上答应。

当时，神龟一听就心急如焚，因为他生性诚实，不喜欢弄虚作假说驮不动，可是他又真的不想回去，那些山川河流都驮得动，还有什么是它驮不动的？

正当天神得意，神龟着急的时候，当地百姓胸有成竹地出题说，若能驮动山歌，我们便让他回去。

“山歌有如龙江水，世世代代唱不完”，神龟将当地百姓的山歌背到背上时，却无力带走，因为龙江河是流不干的，而山歌是唱不完的，快乐是无边的，当地老百姓无论是苦是累，只要一唱山歌就会快乐无比，没有谁能驮得走大家的“快乐”。

于是，神龟幻化成石龟永远留了下来，为当地百姓带来健康快乐，长寿安康。

因为神龟是长生不老的化身，于是，就幻化入一百姓家，出生为人，与当地百姓一起快乐生活。当地百姓说，蓝祥就是那个神龟的化身。

当地百姓怕天府再来召回神龟，大家不希望他“归”天庭，所以十分避讳“gui”的读音，当地人觉得反正龟与鳖都一样，于是把石龟改叫石鳖。

为了躲避天庭，这一“石鳖”时而出现在街头，时而出现在北面的山上，几千年都守在这里。“石鳖”叫来叫去、写来写去，就成了“石别”。

石别镇位于宜州市区南部23千米，东与忻城县交界，南面福龙乡，西南与北山镇及北牙乡相邻，北与庆远镇相邻。

石别，清代属宜山县，归善乡上里地。韦甘睦老先生主编的《宜州市志》里对清代永定土司的辖区记叙为“宜山县的洛富、洛分、洛东、洛南四里及洛西半里，后并划莫往峒、南乡、清潭、都博等里地属永定长官司”。民国初期，划为宜山县第四区，民国二十二年改称石别区，民国三十一年撤区划为石别乡。新中国成立后，最初为里苗区石别乡，1950年划为宜山县第五区（石别区），1955年石别区属的同意、宜州、翁同、龙候、京口、金满、板磨、大宿、塘怀9个乡划归都安瑶族自治县。1957年撤区并乡为石别乡。1958年成立先锋（石别）人民公社，1962年北山公社并入石别公社，同年秋改为石别区，1966年仍为石别公社。1984年改为石别乡。1987年分出部分村屯成立北山乡。1998年撤乡建镇为石别镇。2005年宜州市撤并乡镇后拉并村委并入石别镇。现石别镇辖1个社区，10个村委，107个自然屯。

福龙瑶族乡位于宜州市南部，距市区41千米，宜忻二级路贯穿而过，交通便利。总面积413平方千米，其中耕地面积2784.4公顷，林地3999.5公顷，牧草地106.6公顷，水域面积156.26公顷，石山面积24436.7公顷。年平均降雨量1350毫米，无霜期345天。乐春水库总库容35万平方米。有保水田329公顷。全乡辖1个社区，14个村委会，288个自然屯，434个村民小组，9094户，37089人，人口自然增长率8.3‰。其中农业人口35997人，非农业人口1092人。

早在明清时代，石别、福龙这一带就是方圆百里有名的商贾集散地。

蓝祥生活的石别、福龙一带的加峒，是一个仿若童话般的地方。

“忽逢桃花林，夹岸数百步，中无杂树，芳草鲜美，落英缤纷……土地平旷，屋舍俨然，有良田美池桑竹之属。阡陌交通，鸡犬相闻。其中往来种作，男女衣着，悉如外人。黄发垂髫并怡然自乐。”陶渊明描写的这个世外桃源，人们生活在宛如仙境的世界里，自食其力，自给自足，和平恬静，人人自得其乐的一个社会情景，与清代宜州永定土司加峒村十分相似。

清代宜山永定土司加峒就在今天的宜州石别、福龙一带。

▲ 刘三姐门前那条河　李增英　摄

石别，群山秀色，河流清澈，沃野良田，人们农桑渔商，十分富足。

直到现在，这里的人们都还说，陶渊明描述的世外桃源大概就是我们宜州这个“天下大乱，此处无忧。天下大旱，此处半收”的地方。

因为，有史以来，就连祖国江南的鱼米之乡，就算人们生活富足，但战乱之扰却是难以幸免的，所以，如果说风景美、无战乱、人民祥和，宜州就是这个世外桃源了，世上再没有比宜州这个福地更好的去处了。

宜州处处山水美，石别、福龙风光惹人醉。

石别相对于宜州其他地方来说，素有“旱鸭仔”之称，全乡仅有三条季节性的小河流：一是拉好河，二是三寨河，三是万五河。

▼ 石别碧波留仙迹，寿星蓝祥曾捕鱼　韦傲松　摄

别说宜州龙江鱼有“巨鱼”、“龙蛟”，就这“旱鸭仔”石别的几条溪水里，也有打不完的鱼。

这一条条河流，也是风情万种，仿佛触手可及。

这里的人们每每推开窗户，一条条山间小溪就像一群山野里的孩子似的，跑向村庄。

石别镇也好，福龙乡也罢，那些朝着你奔跑而来的河流，总给人一种亲切感，你能清晰地看到那些洁白的浪花一次次热烈地扑洒着两岸，就像一群天真烂漫的孩童，欢笑着、歌唱着、冲锋着。

石别、福龙山上的绿树枝繁叶茂，树种相当多。

尤其是加峒村的春天，是令人陶醉的。

它是深山里的一块绿宝石。当春天用她那白嫩的纤纤手指，一层层地解开加峒小山村深藏的玄机时，她那仁慈博爱的情怀，给予加峒风光无限。这是片被大自然特别眷顾的小山村，这里土地肥沃，湿润的泥土就像情窦初开的少女红唇那么诱人，软极柔极吹弹欲破，泥里冒出小心翼翼的鹅黄的娇滴滴的草尖，偶尔点缀些各色的花朵，白的多些，也有粉红，也有浅黄或绛紫，很精心长出来的样子。附近那些坡地的许多桑树已有了转机。冬天，原先那些灰暗的落光了叶子的秃杆已被农人割刨回家当柴火了，现在，新插的桑苗枝已鼓出一个个芽苞，每个叶芽上面都有一层明晃晃的油光，在太阳的反射下伸出笔直的短短的光的针芒。它们呈肉色般粉红，让人一见便想起乳母怀中的婴儿，忍不住要去抚摸它，亲吻它，拥抱它，忍不住要傻傻地跟它讲几句悄悄话，把收藏了一冬的秘密全都告诉它。远处山坡上油茶树的单瓣花朵开满了枝头，白蝴蝶似地经风一吹轻轻颤动，仿佛有些腼腆的悄声哧笑，它们干净又单纯，就像山里那些十一二岁放鹅的小姑娘，叫人心生欢喜与爱惜。坡下一片片金黄似毯的油菜花像过节般热闹，灿烂极致，嗡嗡嘤嘤的蜂儿、蝶儿热情造访，觉着那春的光景七分是写意，还留三分禅机点化心情。等到夏天的时候，满眼的绿，将是无际的甘蔗林了，收割的时候，村子里到处都是热烘烘的甜味儿……

就是到了隆冬，也没有多少萧瑟的寒意。树上见不到一片黄叶，枝丫之间全是茂密的葱茏，就是个别略见疏落的地方，也是这儿或那儿冒出三两点暗红色的芽苞，被一簇簇油油的嫩绿的叶子骄傲地举着，那是生命力的标志。

这就是加峒村普通的初春、盛夏、深秋与入冬的小景，像乡下孩子那样在不经意的时光里悄然生长。

因“石鳖”而得名的石别，当地人说那只石鳖就是寿星蓝祥的化身。

而福龙的百姓们也说，蓝祥是一条有福的长寿之龙，他出生的地方当然是“福龙”。

于是，宜州人便骄傲地说，蓝祥是这片土地上的寿星“神仙”，我们河池是中华长寿文化的源头——中华史上最长寿的纪录出自我们这里！

宜州有形状似龟鳖的山不止一处，《宜山县志》记载的还有：“龟山，县北三里，以形似名”，“鳌山，在城东南二里，形如鳌”。

宜州的天地间写满了“寿”的符号，大自然的巧合，印证了这方水土的传奇……

昔宇宙初开之时，伏羲、女娲兄妹于昆仑山通婚繁衍了人类。

“石鳌”与“福龙”的结合——玄武。

玄武——蓝祥。

玄，是黑的意思。

据清道光《庆远府志》所载蓝祥的外貌肤色为：“貌似猿兮面冻黎。”冻黎，黝黑。

生于斯。

长于斯。

守于斯。

第二篇 烟霞养性

寿星蓝祥生活的“鱼米之乡”宜州

▲ 神奇岩洞　覃秀萍　摄

中华美，广西秀。

神韵河池，醉美宜州。

宜州山水惹人醉，让人艳羡与称奇的还有它的物阜民丰，是个鱼米之乡。

在这天地造化的人间仙境，生活在这片热土的人们敬老之风浓厚，“道德传心”，独特的民族信仰如龙眼树根深叶茂。有资深学者归纳壮族文化的三大根系特征，一是重视生命，表现为对生命的珍惜与欢欣；二是崇智尚慧；三是对异质文化的宽容广纳。

山歌美酒传真情，喜爱唱歌的民族心胸豁达，长寿安乐。

生活在这里的长寿老人——146岁的寿星蓝祥身经四个朝代的雨露。

第一节　物阜民丰：广西河池特有的富饶宝地

中华美。

广西秀。

河池丽。

宜州奇。

宜州奇不仅仅有奇山秀水，最让人艳羡与称奇的是它的物阜民丰。

整个河池均以山地为主，宜州也不例外，但自古以来，这里并没因山多地少而物质匮乏，人们的生活十分富足，可以说是个鱼米之乡。这里的土地较之河池其他县来说，宽阔丰腴得多，这里自古少饥荒，人们在好地肥田上辛勤耕作，无论是细粮，还是粗粮，这里的人们家家过着“斗米数钱无兵戎”富裕太平日子。

在这片美丽富饶、地理位置独特的土地上，流传着一些独具特色的民间童谣，它就像一面镜子，折射出该地区丰富多彩的社会文化。

你听，那一首首童谣就在城脚下，四牌楼的墙脚下，由远而近……

一群嬉戏的孩童，吃着印版馍，骑了竹马绕楼而追，他们唱：“虫虫飞，飞到婆家吃米椎，婆婆拿棍打，两个一起飞；飞到哪，飞上瓦，瓦上有个蛋，给我老弟送饭饭”，“排排坐，吃糯糯，糯糯香，吃沙姜；沙姜辣，吃枇杷，枇杷苦，吃猪肚；猪肚尖，尖上天，天高头，有把刀，好切菜，欢欢喜喜过大年”。

城墙的另一角，三个孩童正在玩新嫁娘抬花轿的游戏，两个男孩双手平放交叉搭肩，让一个女孩坐在男孩的手架上，走边念歌谣：“月亮光光，打把钥匙开笼箱；笼箱有个金戒指，送给哪一个，送给我家妹姑嬢。妹姑嬢，

▲ 怀远古镇迎中秋 李增英 摄

快带上，穿金戴银做新娘；姑嬢姑嬢趄趄诳，你讨老婆我吃糖。”

在乡下，谷子丰收了，懂事而勤快的小孩们一边帮家长晒谷子，一边快乐地唱着童谣：“麻雀鸟，嘴钩钩，我家谷多你就偷；总有一天捉得你，帮你洗凉剃光头。”

勤劳的农人，乡下赶圩的日子，不论晴天雨天，街都热闹，也是小孩子们开心的日子，他们唱道：“落雨夜夜（连夜雨的意思），阿爸骑马去石别，阿爸快快回，带回油馍一大堆。”

快过年了，热闹的街道，人声鼎沸，孩子们唱：“东打铁，西打铁，打把剪刀送爷爷；爷爷喊我歇一歇，我不歇，我要回家去打铁。打到哪，打到正月正（读轻声），家家门口挂龙灯；挂到哪，挂到桥底下；什么桥，龙江桥；什么江，虎头江；什么虎，糖瓜虎；什么糖，过年家家吃糕糖。”

那些宜州的老童谣，歌声渐远……

民谣、童谣都是来自民间的声音，它以淳朴的“观风俗”而直观的“知厚薄”，形象的感触代民立言。

我们可以通过这些流传于街头巷尾的童谣，认识当地人的生活，认识社会的善恶、美丑、真假。

这些代代相传的真实声音，就是当时现实的镜子。

《诗大序》云：“诗者，志之所致也，在心为志，发言为诗。情动于中而形于言。”又云：“故正得失，动天地，感鬼神，莫近于诗。先王以是

▲ 四牌楼古韵

经夫妇，成孝敬，厚人伦，美教化，易风俗。”而《汉书》也写着：“歌谣……缘事而发，亦可以观风俗，知厚薄云。”

唱不完的童谣里，道不尽宜州的富足。

你看，从童谣里那些“蛋”、“米椎”、“糯糯”、“饭饭”、“沙姜”、“枇杷”、“谷”、“油馍”、“糕糖”等的吃食里可以看出，宜州人大都饮食无缺。

再从童谣里中人们嫁娶风俗里的“笼箱”、“金戒指”、“穿金戴银”可以看出，这里的人们生活太平怡然，秩序井然，没有兵乱，没有民不聊生与民怨沸腾，有的只是婚嫁之喜。同时，从“东打铁，西打铁”、“小孩们帮家长晒谷子”等描述里看得出，这是一个勤劳的民族，不论老少，都热爱劳动，并以劳动为荣为乐。

从这些饮食、婚嫁、劳作的童谣里，反映了这是一个“桃花源”似的世界，代表了古代人民对社会生活的哲理认识与真实反映。

诚然，不可否认，古郡宜州童谣里的“太平”、“富足”现象，只是于那个年代里与周边地区相对而言的表现，与我们百姓今天的小康幸福生活的程度是无法相比的。

在很早以前，河池其他一些山区的人们，是食不果腹的，往往以野菜或芋头、红薯、玉米等充饥，生活清苦。但也许就是这些野菜、芋头、红薯、玉米等粗粮，反而让他们少病，寿命延长。于是，人们感谢老天的公平，它克扣了你的饮食厚甘，却给了你健康寿元。

然而，自古以来就“天下大旱，此地半收”的祥瑞宝地宜州，人们过着的是丰衣足食的生活，他们喝酒唱歌，健康长寿。

而那位生活在“宜山土司境内”的寿民——146岁的长寿人瑞蓝祥，据史书记载，他“饮啖过人”，可见他的食量是大得惊人的。据当地百岁梁氏老人讲，蓝祥的食量是普通人的三五倍，酒量是海量。

“蓝祥是吃、是喝、是边劳动边唱歌活到146岁的。”当地的人言之凿凿，自信满满。

“蓝祥的食量，全靠出生在我们宜州这个鱼米之乡，要不然啊，如果他生活在那些吃不饱饭的穷地方，饿都饿死啦，还讲什么长寿啊？”呵呵，宜州当地一些百岁老人这样开玩笑说。

上苍待宜州，那叫一个“厚”呃——呵呵。

上苍对于宜州来说，不是“公平”，而是“偏爱”。

“鱼”与“熊掌”一起给了宜州。

“富足”与“长寿”同时给了宜州。

这一方水土，就是一个“天下大乱，此处无忧。天下大旱，此处半收”的世界，龙江河养育着两岸宜州子民，世代恩泽。

让我们看一下关于宜州的建置沿革介绍：

汉元鼎六年（前111年）置定周县。三国时期，属吴国，置定周县，后改龙刚县。西晋，置龙刚县，隶属始安郡（地在今桂林市）。东晋，沿置龙刚县。唐朝贞观四年（630年）置龙水县，先后属粤州、龙水郡、宜州，为州治。天宝年间（742～753年）在今市境内及毗邻地区先后设置羁縻温泉州（下辖两县）、羁縻蕃州（下辖三县）、羁縻述昆州（下辖五县）、羁縻琳州（下辖四县）。光化三年（900年）析县地置崖山、东玺两县。五代十国，龙水县初属楚，后属南汉，隶属宜州，为州治。宋朝初沿唐置龙水县，淳化五年（994年）以柳州洛曹县来隶龙水县。宣和元年（1119年），龙水县更名为宜山县，先后隶宜州、庆远府，为州治、府治，并为庆远军节度使驻地。元朝至元十三年（1276年），宜山县为庆远军民安抚司，为司治。至元十六年（1279年）属庆远路总管府，为府治。大德元年（1297年），属庆远南丹溪峒等处军民安抚司，为司治。明朝洪武元年（1368年），宜山县属庆远府，为府治。次年属庆远府南丹溪峒等处军民安抚司，为司治。再年属庆远，为府治。洪武至永乐年间（1368～1424年）先后设置大曹、怀远、德胜、东江四巡检司及龙门土舍。弘治五年（1492年）析宜山县地置永定长官

▲ 河池守御千户所遗址 罗爱群 摄

司、永顺长官司及永顺副长官司。清朝宜山县属庆远府，为府治。康熙五年（1666年）废大曹、怀远、东江三巡检司。雍正七年（1729年）析忻城土县功德、窖灰二里、永定土司清潭、南乡二里置理苗分县。同年将龙门土舍改置龙门巡检司（光绪三十一年即1905年废置）。道光五年（1825年）废永定副长官司，光绪三十年（1904年）废德胜巡检司，宣统二年（1910年）废永定长官司、永顺长官司。民国元年（1912年）废宜山县，置庆远府，直属广西省府。民国二年废庆远府，改置宜山县，属柳江道。民国十五年，废柳江道，宜山县直属广西省府。民国十九年，广西划为12个民团区，宜山县属宜山民团区。民国二十一年，广西12个民团区合并为6个民团区，宜山县属柳州民团区。民国二十三年三月，广西8个民团区改为8个行政监督区，宜山县属柳州监督区，为行政监督区署所在地。民国二十五年十一月，广西增设玉

▲ 全国最早、现保存最完好的五百罗汉名号碑

▲ 怀远古波画马崖　覃秀萍　摄

林、庆远两个行政监督区，宜山县属庆远区，为区署所在地。民国二十九年三月，广西各行政监督区改为行政督察区，宜山属第七区，为行政督察区专员兼保安司令公署所在地。民国三十一年四月，广西行政督察区第四、第七两区合并为第二区，宜山县属第二区（即柳州区）。民国三十六年，广西再次划分为12个专区，宜山县属第十专区，为专区所在地。中华人民共和国成立后，于1949年12月27日成立宜山县人民政府，县属庆远区，为庆远区公署所在地。1950年2月，庆远专员公署更名为宜山专员公署，县属宜山专区，为专区所在地。1958年7月19日，宜山专区并入柳州专区。1965年7月，成立河池专区，宜山属河池专区。1971年广西各专区更名为地区，宜山县属河池地区。1955年12月，经国务院批准，以原都安县14个区为基础，将河池县的下坳区、宜山县的三只羊、板岭、拉仁、加贵区，忻城县的嘉仁区、马山县的龙湾区，平果县的江南、百马区，东兰县的板升区等划入，成立都安瑶族自治县，实行民族区域自治。都安瑶族自治县正式成立于12月，其行政区域的划拨在10月间进行，行政区域包括河池县区的下坳、耀南、板旺、隆麻、加文、光隆、大崇、板买、坝牙、隆坝、隆石、隆旺、隆稿、崇山、隆林、隆关、肯友、隆恩、隆洞、板庆、弄梅、池花、梅株、陆册等24乡，宜山县三只羊区、拉仁区、永顺区（后改称板岭区）全部和石别区的加泵、加福、加隆、加图、加党、塘怀、大宿、宜州、翁同、京口、龙侯等11乡，东兰县合龙区（后改称板升区）的弄岭、弄冠、弄矿、弄彦、弄兰、弄立、弄盘、弄雷、水堂、板坡、新安、信河、升平、三合、板好、永安等16乡，马山县龙湾区的琴棋、三并、内槽、龙湾、新民、加范、龙焕、地州、龙眼等9乡，忻城县拉仁区的福龙、永龙、龙桑、坡奉、太平、凤朝、高山等7乡，平果县百马区的永晴、那午、坡练、登排、孟豆、同谢、乃良、义隆、义和、中和、下和、吾幸、觉端、怀雄、良美等15乡和江南区的江州、发端、带林、塘么、合民、龙凤、法棠、和平、卖梅、上和、九怀等11乡。

宜州历史掌故，显现了它在这两千多年的风雨中，上苍恩赐予它更多的元素是“甘霖”。

然而，述说它的物阜民丰，我们并不想罗列什么史实数据，我们就只用这些沧海一粟里的几首童谣，彰显她的富足。

给你几颗珍珠，你自己去遐想大海的深度与广度吧。

周立波先生曾经说：“劳动的人们喜欢把生产过程中习见的具体的事物用精练的语言构成生动的形象夹在谈吐中，使得人们对于他们叙述的事情和行动得到深刻的印象。”童谣，通俗而自然地表现出当时地域色彩浓厚、真实的社会风情。

宜州童谣对生产、生活、习俗丰富多彩的描述，它从一个侧面反映了宜州的风土人情，尤其是“天下大乱，此处无忧。天下大旱，此处半收”，更折射出自古以来宜州人民富足的社会生活，蕴含着丰富的历史和文化信息。宜州童谣是宜州人民在长期的劳动生活中创造的文化成果和智慧结晶，它结合了当地的现实生活，具有浓郁的生活气息。

一叶知秋，一颗露珠看太阳，我们通过探究这些老童谣，可以解读出宜州这块祥瑞宝地的太平与富足。我们说宜州是广西河池特有的富饶宝地，这些老童谣可谓是重要依据之一。

第二节　山水有情：天地造化的人间仙境

悠远而古老的华夏文明，犹如江河绵邈，吞云吐月，横无际涯，回荡着五千年民族根系的霹雳，奔流东去，汇入世界文明的海洋。

中国有着绵延不断的文明史，与古埃及、古印度、古巴比伦并称为四大文明古国。中华文明源远流长，博大精深，历史悠久，而且基础深厚，在漫长的岁月中，从史前的仰韶文化、大汶口文化和龙山文化，到河南安阳小屯村殷墟出土的甲骨文字，彰显着我神州大地极其丰富的文化遗存。

而在中国宜州，出了长寿人瑞146岁的蓝祥，成了华夏大地上一朵引人入胜的奇葩。

《陋室铭》云：“山不在高，有仙则名。水不在深，有龙则灵。”

有着两千多年文化底蕴的宜州，在中华民族的文明史中，才聚八方，乐观好客，勤劳质朴，亦形成自己深邃的思想与高度的智慧。一个爱唱山歌的民族总是充满了乐观豁达的正能量，自然会与天地合和、阴阳和谐，乐山乐水乐观的人们坚定执着地追求自己的人生态度，培养了具有民族特色的高尚情操，形成了本民族理性精神的精华。

在感受惊涛拍岸、霜雪飞天的时代气息的同时，那些长寿文明非但没有从我们记忆中删除，相反，它令人饮水思源，去探寻与现代文明息息相通的民族之根、历史之魂。

当人们探讨蓝祥长寿文化对现代经济、社会发展的促进作用时，寿星之乡的宜州子孙都想了解自己祖先所创造的辉煌文化并将它弘扬光大，对它的珍视也与日俱增。当现代文明呈现出宏伟与丰富多彩的时候，蓝祥长寿文化

▲ 中国青石雕佛第一寺——宜州西竺寺景区全貌　徐国环　摄

至远古文明的流传却以它永恒的魅力在感召着我们。

那么，蓝祥生活的宜州，有着怎样神奇的山水奇观呢？

来，让我们跟上明代地理学家、旅行家徐霞客的脚步……

我国明代著名的地理学家、旅行家徐霞客，几乎游遍了全国主要名山，写下世界上第一部广泛系统地探索和记载岩溶地貌的地理学巨著《徐霞客游记》。崇祯十年（1637年）闰四月初，他经湖南永州进入广西。在广西的一年时间，他游览了桂林、永福、融水、柳州、象州、玉林、桂平、陆川、北流、容县、南宁、靖西、宾阳、上林、宜州（明代为宜山县）、河池、南丹

等市县。

徐霞客在《徐霞客游记》（上海古籍出版社）中对在广西宜州考察旅游的记载有两万多字。

崇祯十一年（1638年）二月初，徐霞客入宜州永定正长官司署所在地，也就是今天的石别镇，他在宜山境内开始了旅游考察，其中，他对宜州的山描写所达到的准确与艺术高度，后人至今无法超越。

对县境的山脉，《徐霞客游记》记载："郡城（亦即宜山县城）之脉，西南自多灵山发轫，多灵西南为都泥（江），东北为龙江，二江中夹之脊也。东北走六十里，分支而尽于郡城，将抵城五里外先列为九龙山，又东北为大号山，又北结为土山曰料高（鹩哥）山，则郡之察也。又北遂为郡城，而龙江截其北焉。”又载：“多灵山脉，直东走为草堂堡之土脊。东起石壁（别）山，又东而直走为柳州江南岸诸山，又东南而尽于武宣之下柳江、都泥（江）交会处。”

关于境内的河流，《徐霞客游记》记载：“龙江，郡（县）之经流也。其东北有小江，南入龙（江），其源发于天河县北界。其东南则五（拱）桥诸流北入于龙（江），其源发于多灵山东境，皆郡城下流也。郡城西南又有小水南自料高（鹩哥）山北来，抵墨池西流，是为龙溪。又西则九龙潭之水，自九龙山北流，与之合而西北入龙江，此郡城之上流也。”又载：“龙江，西自怀远镇，北凭空山透石穴而出，其源从贵州都匀而下，循北界石山而东，其流少杀于罗木渡，其两岸森石嶙峋过之……”

《徐霞客游记》对县城周围名胜风景的记述为：“绕城之胜有三：曰北山，则会仙山也；曰南山，则龙隐也；曰西山，则九龙也。”

他赞叹宜州的北山：“绝顶中霄汉，江流如带横于下，郡（县）城如棋局布，其前东界则青鸟山，西界则天门拜相山，俱自北而南，分拥左右，若张两翼。而宜山则近在西腋，以其卑小宜众。则此山之岩岩压众可以矣。”

在游览雪花洞时，他对洞中的奇特景观非常喜爱，认为这是一个可以让人目之所及、心之所动的奇洞：“余晚停杖雪花洞，有书生鲍姓者，引至横突石上，俯瞰旁瞩，心目俱动，忽幽风度隙，兰气袭人，奚啻两翅欲飞，更觉通体换骨矣，安得百丈青丝悬辘轳而之下也。”

他对宜州三门岩寺（现西竺寺）的胜境奇迹极为称赞：“又半里，逾冈西下，则三门岩在北崖之中矣。乃由岐北向抵山下，望其岩上下俱危崖，中辟横窍，一带垂柱，分楞齐列于外。拾级而上，分抵岩东，则石瓣骈沓，石隙纵横，皆可深入。而前则有路，循崖端而西，其岩中辟，高二丈余，深亦如之，而横拓四丈余，上下俱平整，而外列三石，界成四门，俱南向，惟中门最大，而左腋一门卑伏。言‘三门’者，举其大也。西门岩壁抵此而莫前，其上石态更奇；东门穿隙而出，即与东偏纵横之隙并；而中门之内，设神像于中，上镌‘灵岩’二字。由神像后穿隙北入，宛转三四丈，逾庋攀而上，中有一龛，乃岩中之奥室也。出岩而东，披纵横之隙，亦宛转三四丈，始辟而大。东逾石阈而上，其内上下平整，前穴通明，另成一界，乃岩外之奥室也。透其前穴出，有石高擎穴前，上平如台。其东又有小隙宛转，如簇瓣莲萼，披之无不通也。由台前小隙下，即前循崖端而西路。复从崖端转石嘴而东，稍入，有洞门内辟。其门亦南向，中深数丈，弥备幽深之致。乃仍旧路下，即沿山麓东还，北望山坳间，有岩高悬绝峡之上，心异之。乃北向望坳上，攀岩跻崖以升。数十步，逾坳间，乃炭夫樵斫者所由，而悬岩尚在其东，崖壁间之藤棘蒙密，侧身难度。乃令随夫缘枝践级，横过崖间，不百步而入岩，余亦从之，岩前悬峡，皆棕竹密翳，其色白，大者可为杖，细者可为箸。而洞当转峡之侧，上下悬峭，其门西南向，顶崇底坦。入五六丈，当洞之中，遥望西南锐竖尖峰正列其前，洞两旁裂峡分瓣，皆廉利沓合。洞后透石门而入，其内三辟三合，中连下透，皆若浮桥驾空，飞梁骈影，思各跻其上，不知何处着脚。乃透入三桥之内，其中转宽而黑。从左壁摸索而上攀东崖，南出三四丈，遂凌内梁之东。其梁背刀削而起，不堪着足。而梁之西亦峻石柱顶，另隔成界，不容西渡。又南缘东崖，凌中梁之东，其不可度与内梁同。又南缘东崖凌前梁之东，则梁背平整，横架于两崖之间，下空内豁，天设徒杠独木桥。其背平架之端，又有圆石尺许耸立其上，俨若坐墩。余以为人琢而置此者，扪其根，则天然石柱也。渡梁之西，又北转入峡门，即中内二梁西端之石所界而成者。其内有又东豁而下通梁后，又西剜刻而透穴中。入穴中，又拓而为龛，环而为门，透而为峡，下皆细砂铺底，但其中已暗而渐束，不能深入。仍出至前梁之西，缘西崖之半，攀石笋南下，穿石窟以出，复至洞中央矣。前眺尖峰，后瞩飞梁，此洞之胜，内外两绝。”

徐霞客在他的游记中赞叹宜州山水，美不胜收。

中国地大物博，是个多溶洞的国家，其中广西尤以溶洞著称，喀斯特地貌是指石灰岩受水的溶蚀作用及机械作用形成的各种地貌：石芽、石沟、石林、溶洞、地下河等。

据考古学家介绍，宜州龙江与境内的山地几千万乃至亿万年来历经沧海桑田的变迁，水在运动过程中对所经过的沉积物或岩石有着重要的侵蚀、溶蚀作用，在水动力作用下的碎屑物在搬运过程中则被逐渐磨蚀。宜州奇特的喀斯特地貌就是地下水对碳酸盐岩侵蚀作用的结果。

宜州山之胜境，无论是北山、南山还是西山，或者是白龙洞、珍珠洞、仙女岩，以及其他大大小小的山与岩洞，它们在水流作用下，形成陡峭的感壁、弯曲的沟壑、气势磅礴的峻岭。那些溶洞的形成是石灰岩地区地下水长期溶蚀的结果。石灰岩的主要成分是碳酸钙，在有水和二氧化碳时发生化学反应生成碳酸氢钙，后者可溶于水，于是有空洞形成并逐步扩大。这种现象在南欧亚德利亚海岸的喀斯特高原上最为典型，所以常把石灰岩地区的这种地形笼统地称为喀斯特地形。

据地质研究，大约在古生代的寒武纪（五亿多年前），广西宜州原是一片汪洋大海，由于地壳运动，海沉积的石灰岩上升为陆地，后经风化和溶蚀，终于形成了神姿仙态的峰林、幽深瑰丽的溶洞。宜州南山摩崖石刻“寿”字下面的龙隐洞传说就是龙江河里那条神龙藏身的地方，它地下的隧道穿过龙江河底可到达白龙洞。

宜州的南山是喀斯特地形的代表，它既有岩溶、溶洞、峰林，又有不竭的山泉。

▲“寿”壁南山寺——广西清代最大的摩崖石刻　冯建国　摄

▲ 壮古佬风光画中游　冯建国　摄

广西宜州，这座有着两千一百多年历史的文化古城，历史文化厚重，母亲河龙江两岸文化的浪花炫目多姿，南山最为别有天地。

《徐霞客游记》载："城南五里，有石山一支，自西而东，若屏之立，曰南山，中为龙隐洞山，东为屏山，西为大号山，又西为九龙山，皆蜿蜒郡南，为来脉者也。"

据《宜山县志》载："县南五里，有洞轩敞如屋，中有石龙，鳞甲宛然，因名龙隐洞。洞前有广化寺，旁建春意庵。三贤祠，祀黄太史庭坚、余襄公靖、冯三元京。东畔石镌余襄公、方信儒留题墨迹。"

清任宜山县德胜书院山长的郑献甫云："仰之观北斗，悠然见南山。"

南山是宜州当之无愧的祥瑞宝地，其灵气所凝更是汇聚十方吉祥。

在宜州南山岩石上的巨大摩崖石刻——"寿"字，高4.2米、宽2.3米，是

清朝的遗迹，也是清代广西最大的“寿”字摩崖石刻。

民间流传这样的说法：“寿壁南山，此地成仙。”《宜州市志》载：“清代慈禧太后寿诞，庆远府曾以南山寺景区檀木雕成屏风献上。”此祝寿屏风至今仍珍藏在北京故宫博物院内。

人们传说，每登一次南山观摩一次山上的摩崖石刻“寿”字，就可以延长寿命一年，每个看到这个摩崖“寿”字的人，都会健康长寿。

在这座山的北面有一眼泉，从宋朝起，人们就称其为“寿泉”，它一年四季的泉水都是那么多，天旱不枯，连雨不涝，泉水清冽甘甜。据说用寿泉周边的红兰草给发热感冒的小儿煎药，一剂便可痊愈；老人用这泉水洗脸，还可以洗去老年斑。

虽然宜州的山在广西不算最多，广西的山在全国不算很高大，但广西的岩溶（喀斯特）地形，却是中国面积最大、发育最完备、种类最繁杂的。广西风景素有“甲天下”之美誉，如果说桂林的山是一个个清秀的女子，那么宜州的山就是一群伟岸的丈夫。

桂林的山与山之间少有相连，就像一位又一位独处的静女。而宜州的山与山大都连成一片，就像喜欢三五成群聚在一起唱山歌的人群，总是热热闹闹的。独峰也有，只是少而已。

有一句山歌，是这么唱的：“桂林山水甲天下，宜州山水也不差；广西处处有三姐，醉美宜州三姐家。”

还有这么一首山歌：“庆远知府李文琰，为官一任最清廉；名胜古迹都访遍，宜阳八景他筛选。”据史料记载，宜山最初的“宜阳八景”是乾隆十八年广西庆远知府清官李文琰偕属员及庆远府的饱学之士，把庆远府城内外众多的名胜古迹进行“排队筛选”，最后得出了八个景点。对宜阳八景的赞叹，庆远知府清官李文琰与庆远府学饱学之士唐仁是这样的描述——“会仙远眺”，有诗云：“万丈丹梯药鼎开，洞门深锁护莓台。漫云绝境无人到，长啸一天风雨来。”“广化高瞻”，有诗云：“凭高翘首暮云横，灵物嵌空一柱撑。听得春雷惊蛰起，欲将霖雨润苍生。”“龙江夜月”，有诗云：“桃花烟雨唱蛮歌，两岸云生涨绿波。一幅蒲帆江上疾，团团寒玉贴银河。”“鹤岭秋风”，有诗云：“山头子晋驻何年，万里随銮下紫烟。片石秋来翻晓月，凌霄有志向遥天。”“青鸟朝云”，有诗云：“绛河远隔五千年，青鸟飞来自古传。遥翰万条云影里，何人识得玉京仙。”“丹霞夕照”，有诗云：“九龙山麓访丹邱，对面斜阳豁远眸。落日影翻龙隐洞，近江波照鹤归楼。穿林霞绮浑如散，绕郭烟痕淡不收。恰好黄昏新月上，潭心恍漾一金钩。”“墨池烟雨”，有诗云：“山色四周皆峭壁，溪光一带忽平畴。涪翁洗墨池边水，湿尽鹅群茧纸收。”“莲沼晴岚”，有诗云：“横塘数亩黉宫前，每遇新晴景倍妍。活水源头通碧昭，回纹波面衬芳莲。一渠绿爱风吹皱，千朵红看日照鲜。浪影花光相荡漾，文章生趣悟悠然。”

寿仙蓝祥的故乡宜州，河水岩石清幽神奇。山川奇雄险峻、峥嵘嶙峋。岩洞曲径迷离。河水两岸翠竹连绵，芳草菲萋。落霞与白鹭齐飞，鸟鸣山幽人醉不须归，嶙峋石林赛桂林，喀斯特地形特点造就了宜州的如梦似幻、人间仙境般的山水奇观。

广西独特的喀斯特地貌形成的溶洞、峰峦，天然地造就了这里的奇妙景观群。许多珍奇绿色物种，在这里郁郁葱葱。

生活于人间仙境的宜州人，乐山乐水乐歌，好山好水好生活。

第三节　盛世现瑞：太平盛世人寿年丰

在古代的世界版图上，中华民族几次强盛的历史的确让世界对中国刮目相看，而当今中国的飞速发展更是让世界仰望，中华民族以巨龙腾飞之势傲然屹立于世界的东方。

美国学者爱德华在他的《世界文明史》中曾把中国比喻成一条巨龙，飞升之势不可阻挡；英国作家韦尔斯在《世界史纲》中也赞叹过中国文化威力远播。

从汉代的文景之治到唐代的贞观之治，再到清代的康乾盛世，历史上中国的强盛是令国人引以为豪的，当今的中华更是让世界瞩目。

让我们翻开历史，看看古人对太平盛世的记录。

首先是汉初的文景之治，这段时期算是中国古代历史上难得的好时期，文帝在位23年，景帝在位16年，总共39年。文帝、景帝奉行黄老之道，讲究无为而治，即政府不过多干预经济，让老百姓自由发展。接下来应是“武帝盛世”，但其和文景之治刚好相反，武帝好大喜功，连年征战，虽大汉威名远播，四海臣服，但百姓过得不轻松，且武帝干预经济，实行“盐铁专卖”，搞垄断经营，典型的与民争利。不过，这段时期大汉在邻国面前的确威风八面，是中国历史上难得的对外强硬时期，说盛世也不为过。虽然历史上并没有“武帝盛世”之说，不过它毕竟是中国历史上人们津津乐道的一个时期，姑且将它附在“文景之治”的后面。武帝16岁登基，在位54年。再接着是“昭宣中兴”，汉昭帝和汉宣帝则既不像文景那么柔，也不像武帝那么硬，对内讲法制，体恤百姓疾苦，轻徭薄赋，“昭宣中兴”也算得上好时期。再接下来是“光武中兴”，光武帝建立政权前很会打仗，但当上皇帝后

安乐长寿太平年，
风调雨顺吉祥现；
民俗迎亲来表演，
山歌欢笑比蜜甜。

却尽量避免战争，以柔治国，和文景时期一样，百姓日子好过，凭借西汉打下的威风，邻国倒也不敢侵犯。然后就是“明章之治”，汉明帝与汉章帝在东汉算是不错的皇帝，但“明章之治”比起前朝的“文景”、“昭宣”就差了不少，时间也短。至此，汉朝的盛世算是结束，这是中国第一个近百年的盛世。

其次是唐代的贞观之治，总共23年。这段时期是中国古代历史上最辉煌的时期，李世民能文能武，他发展生产，轻徭薄赋，与民休养生息，百姓的日子迅速地好起来。更难能可贵的是，他在政治上颇有民主风气，听得进不同意见，不会因为刻意维护自己的尊严和地位而护短。他逐渐建立起了大唐的领导地位，且得到各国的认可。时至今日，世界各地依旧称华人集中的地区为“唐人街”，可见唐王朝的影响力超越了时空的界限。尤其是在其打败对手之后，并不赶尽杀绝，能以比较平等的方式对待其他少数民族，故民族矛盾比较少，各民族能和平相处。虽然其后有武氏篡位，但终究复归于唐，且其治理得也不错。而李隆基在位的开元时期历来称为盛世，故我国古代第二个盛世可从李世民登基的公元627年开始至李隆基的开元结束的741年，也有一百多年。

开元盛世承接前面太宗、武周留下的好局面，并继续发扬光大，将唐朝的盛世推向高峰。杜甫诗云：“忆昔开元全盛日，小邑尤藏万家宝。稻米流脂粟米白，公私仓廪俱丰实。”从诗里我们可以明显地看到，开元全盛，连小县城的人口都很多，都有上万户人家。农业连年获得丰收，粮食装满了公家和私人的仓库，老百姓的生活十分富裕。

再来就是清代的康乾盛世，康熙、雍正、乾隆可谓中国古代帝王的佼佼者，对外基本没有败仗，对内百姓生活富足。康乾盛世自康熙登基的1662年开始，至乾隆逊位的1795年，总共134年。这一时期中国封建经济高度繁荣，农业生产有较大提高，手工业、商业等也获得长足发展。政治上制定了各种典章制度，矛盾相对缓和，秩序比较稳定，国力臻于鼎盛。清朝以区区十几万人的少数民族入主中原，能很快臻于治境，这么大的一个国家，居然能得到这么有效的管理，这一点，连汉唐都有所不如。不能不佩服康熙、雍正、乾隆的领导才能，尤其是乾隆高超的民族融合能力，使我国古代统一的多民族的中央集权发展到顶峰。

在中国古代历史上，大清王朝的康乾盛世是古代最为辉煌的，它在政治、经济、文化等诸多方面将中国传统社会推向了一个新的高峰，创造了中国古代历史的奇迹。国家统一的最终完成、社会经济的高度繁荣、学术文化的集大成趋势是康乾盛世最显著的历史特征。

康乾时期之所以能以盛世得名，在很大程度是因为这个时期的经济创造了中国传统社会的奇迹：它在承受了前所未有的人口压力的同时，满足了清廷日益增加的财富需求，并使经济发达地区百姓生活水平有了明显提高。在康乾时期，政府财政收入在长时期内保持了较高增长，户部存银大幅度增加，像乾隆三十三年（1768年）户部存银达7182万两，为乾隆元年（1736年）的两倍有余。财政收入增加，使清朝得以发动多次战争消灭分裂势力，维护国家统一，抵御外来侵略，并组织大规模的文化建设工程，推动中国学术文化的繁荣。与繁荣的社会形势相适应，康乾时期的学术文化表现出全盛之世特有的恢宏气象，以考经证史为重要特色的汉学兴起，推动着学术向集大成方向发展。康乾时期古籍研究、整理所涉猎的范围异常广泛，包括经学、史学、天文、古算、地理、农学、医学等方方面面，从比较宽广的范围展现了中国传统文化的博大精深。当然，古籍整理最重要、最具代表性的成果是众所周知的《四库全书》。由纪昀等人在此基础上撰写的《四库全书总目提要》，“考古必衷诸是，持论务得其平”，反映了18世纪中国学术的最高水平。“康乾盛世”最主要地表现在人口的增长上，在康熙六十一年（1722年），全国人口突破一亿，乾隆五十五年（1790年）突破三亿。这是当时官员勤政的结果。

康乾盛世与康、雍、乾三帝的励精图治以及采用一系列民族团结政策有着密切的关系。

康熙每天早晨都要进行“御门听政”，与大臣们商量国家大事，数十年如一日。雍正时期为了平定准格尔叛乱的事务，设立军机处。此后军机处成为皇帝处理朝政的枢纽机构。皇帝每天上午与军机大臣会商要务、批阅奏报成为制度。

在民族政策上实行因俗而治。康、乾六下江南，尊孔重道，拜祭孝陵，题匾刻碑，缓和满汉民族矛盾。康熙考虑到蒙古族的文化心理和民族习惯，在承德修建避暑山庄，以打猎为名去那里接见蒙古王公。1771年，土尔扈特部不堪沙俄压迫，在清政府的感召下，冲破重重险阻回到祖国。在西藏问题上，清政府尊重少数民族信仰，扶持黄教，顺治时册封达赖，康熙时册封班禅，乾隆时确立“金瓶掣签”制，以加强对西藏地区的管理。这些政策对我国形成统一的多民族国家产生深远影响。

康熙、乾隆年间，清宫举行过千名老人参加的盛大宴会名“千叟宴”一共四次，以示亲民爱民，与民同乐，共庆盛世升平之象。

而康乾盛世时官员普遍勤政，大多官员对民情体察入微。

嘉庆年间虽已没有了已往的富强宏大，但嘉庆皇帝励精图治，从致力于清除贪官腐败入手，大力清除弊政，希望再创中兴局面。于是，他大力提倡各级官员要勤政。同时，打假与惩治不作为官吏之风全国盛行。

嘉庆皇帝阅广西巡抚钱楷关于宜山县知县周冕禀报的广西宜山出现人瑞，发谕旨：“寿民蓝祥加恩赏，给六品顶戴，并特颁御制诗章及匾额。”

咱们老祖宗有一句话，叫做“人寿年丰”。

由此，“人寿”总与“年丰”紧密相连，人的寿命长与短当然同富足与贫乏是分不开的。

民间有这样一种说法，叫做“盛世现瑞，乱世出妖”。

中国老百姓崇天敬地信祖先，老人们说，历朝历代，若是太平盛世，就一定有瑞相出现。

老人们说，太平盛世人寿年丰，国力都会十分强盛，各种祥瑞之象，就会显现出来。

太平天下，所谓祥瑞之象，一是指大自然会风调雨顺，二是指没有战乱之扰，三是指人们安居乐业颐养天年。

天呈祥瑞，地现吉兆，风调雨顺，民富国强。

在古代的传说中，太平盛世，政治清明，百姓安乐，老天就会褒奖一国之君，就会天降祥瑞以应人君之德。

当时，宜山土司寿民蓝祥的长寿奇迹，上至朝廷各级官员，下至乡野黎民百姓，无不认为是嘉庆皇帝提倡节俭、惩治官吏腐败的结果，民间所呈现的这一瑞相，就是上苍肯定当朝皇帝决策英明的吉兆。

当然，在科学昌明的今天，我们知道，所谓上天对国君褒奖之说并不可信。

而太平的日子，丰腴的土地，人们踏歌椎鼓，正是安乐长寿所必不可少的物质条件。

第四节　图腾崇拜：独特的民族信仰

“道德传心。”

中国人从古至今，对天地、道德总怀着敬畏之情。

2013年12月，在河池学院图书馆107教室，一位资深专家教授在主题为“广西世居少数民族文化生态”的学术讲座中指出：壮族文化的三大根系特征，即重生文化、崇智文化和广纳文化。

知识渊博的教授旁征博引，用大量鲜活的事实告诉人们：在壮族文化根系中，首先是重生文化根系，它表现为对生命的珍惜重视、欢欣和欣赏；崇智文化根系主要是崇尚智慧和灵巧；广纳文化根系是对异质文化有一种宽容性、平等性、吸纳性的特点。

生活在这片土地上的人，对生命充满敬畏又无比热爱。

生活在这片土地上的人，是一群乐观豁达、乐于睿智地接纳美的元素的人。

宗教文化对人们的影响或深或浅。

让我们先来看看，这个民族在信仰上，对外来宗教的一些宽容性、平等性、吸纳性的态度吧。

佛教产生于公元前6至前5世纪，传入我国始于汉朝。

自从佛教传入广西地区以后，广西的少数民族文化除了少数一些具有一般的佛教基本特征外，已融进了不少各民族原始宗教的内容和传统文化的特点。

广西是多民族杂居的地区，除了汉族外，有壮、瑶、苗、侗、仫佬、毛南、仡佬、水、京、回、彝等多个少数民族。其中，回族信奉伊斯兰教，

▲ 民间绝技：闯火海 罗爱群 摄

▲ 民间绝技：嘴咬烧红的铁犁头 罗爱群 摄

▲ 民间绝技：吹号上刀山　李增英　摄

▲ 三月三民俗游，歌乡又舞草把龙。　冯建国　摄

其他少数民族大多信奉原始宗教，比如信奉自己的祖宗。过去，有人认为这种信仰用通俗的说法就是“信鬼信仙”。其实，这里的“鬼”，指的是仙逝的先人，这个“鬼”并没有贬义；而“仙”大多指的是山精、树神、狐灵之类，在他们心中，这些“鬼”与“仙”都是他们的守护神。

外来的各种宗教对壮族本民族的崇拜文化有一定的影响，但是这种影响却并不妨碍他们对祖先的敬奉与崇拜。从历史上看，唐代广西佛教较为繁荣，壮族部分地区虽也修建了一些寺庙，但是信佛的人与中原或沿海地区相比就少多了。虽也有一些其他的外来宗教，但信之的人总是少数，大多广西人信奉原始宗教，信仰自己的祖先。

《太平广记》卷四八三《投荒录》载：“南人率不信释氏。虽有一二佛寺，吏课其为惜。以督责释之土田及施财，间有一二僧，喜拥妇食肉，但居其家，不能少解佛事。土人以女配僧，呼之为师公，或者以纸为圆钱，置佛像旁；或请僧设食，翌日。宰羊遂以啖之，曰日出斋。”唐代刘恂《岭表录异》也记载："南中小郡多无缁流，每宣德音，须假作僧陪位。"

这说明壮族原有的民族文化与外来的宗教文化是有某种冲突的。外来宗教对壮族文化某些方面的影响是较小的，迄今为止，比如在饮食方面，壮族与广东人一样，对于鸟兽虫蛇等动物，只要能吃的，无害人体者皆食之。

有人用这样一则小故事来形容南北人们对宗教文化的一种态度。有一天，北京人、上海人、广西人一起捉住了一个外星人。北京人赶紧翻书查典，要弄清楚他祖宗十八代的出身情况；上海人马上去找来一大瓶甲醛溶液，要将他做成标本，研究他的结构、细胞、基因之类；广西人摩拳擦掌，争论是红烧还是清蒸。

宜州的少数民族以壮族为最多，这里的人们主要是崇拜自己的祖先，再有就是大自然，如祭祀山神、水神、土地神、灶神等。

唐代以后佛教传入这个地区。从那时起，壮族佛教徒被称为"花僧"或"师公"。《百粤风土记》说，壮族地区"僧多留发，娶妻生子，谓在家僧"。壮族虽然奉释迦牟尼为佛祖，但与大乘或小乘佛教都不同，而和巫教类似，没有严格的戒律。师公可以结婚，也可以不全吃素，只是在固定的日子选几天吃素，有的不吃牛、马，有的不吃狗、鸽、蛇、黄鳝等动物而已；其活动主要是超度亡灵、安墓、造房念咒等，兼看风水、算八字、做法事等，大多挂的是如来佛、观世音菩萨的画像。

在宜州的石别、福龙一带，新中国成立前的师公戴僧帽，着黄色袈裟，穿红鞋。在祥贝一带也有穿青衣的，称青衣师公。法器主要是用于占卜的两片牛角，念咒时一般念本民族语音，请的是王母娘娘、玉皇大帝、七仙女、仙姑等。据过去传说，师公作法时，可以请来求法者的先祖，并可以与之对话。

新中国成立前还有许多"法僮婆"，是一种女性的法师，她们主要是为人占卜。作法时，她们往往是头上盖一块红布，念咒，掷铰。据说她们法力高强且神奇，入法时往往能知晓来客家来人口情况，更能知晓人的品德如何，所问之事若有伤天良的，给多少报酬师公与法僮婆都不做。他们说不是做不到，而是不能做、不敢做，会遭天谴报应。

在新中国成立前，还有一种“放蛊”的巫师是最令人畏惧的。据说，如果你无意招惹了他们，他们就会放“蛊”让人的体内长虫子，把人由内到外吃成白骨，或者让人肚子痛，等等。所以，当地人往往告诫自家孩子，不要随便吃别人给的东西，小心被下蛊。

传说，新中国成立前，在边远山区，有“放蛊”最厉害的鬼师，只要是他看中的姑娘，上前搭几句话，那姑娘就会迷恋上他，非他不嫁。“放蛊”鬼师就算很穷，他的妻子却可能是十里八村最漂亮的姑娘，据说就是他作法让姑娘爱上他，并一定嫁给他的。

这些越传越玄的老故事，虽不足信，但它似乎告诉我们，古老的“巫”文化是对人们信念的一种约束，对“祖先”的一种敬畏。

宜州蓝祥长寿文化研究会的一些同志曾在这一带查访过一些百岁以上的老人，大家都说这是真有其事，还说他们当中就有一个是当年懂得作法的“法僮”，她以前是会放“蛊”念咒的。研究会的同志充满了好奇心，再三请求下，她念了两句咒，“一根棍，五寸长……”她说把念了咒语的一根小树棍放在你喜欢的人路经的地方，等他一旦跨过那小木棍，你就马上上前叫一声“喂”，只要那人应一声，从此就会不可救药地迷恋上你。但那位“法僮”就只念了这两句，再往下她就怎么也不念了，说是漏了天机了。

这里许多上了年纪的人都相信，师公、法僮婆是通灵之人，能为他们请来祖先。

为他们办事的不是师公、法僮婆，而是他们的祖宗。

在现世人与其祖先之间，师公、法僮婆充当着“邮差”的角色。

笔者是唯物论者，对一些上了年纪的，八九十乃至上百的老人的信仰只能是尊重吧。

在历史的长河中，当我们溯流而上，寻找一种“根”的文化元素的时候，至少，我们会明了，这个民族信仰的最本真的东西叫作善。

这里的人们，从出生起，就被父母教导，不能作恶，否则会遭报应的。

谁来执行这个“报应”呢?

天地君亲师。

谁来保佑他们呢?

各家的祖宗。

不论是在远古，不论经过多少个朝代，不论外来的宗教如何冲击，在广西，在宜州，外面的信仰与己无关，人们既不苟同，也不争论，对其表现最多的态度，就是宽容，同时也吸纳他们所需要的。最终，人们信仰的还是自己的祖宗。

而且，信得单纯。

而且，信得坚定。

而且，信得自然。

反正，清明大过春节，一般的祭扫活动时间，前后长达十天。

这在世界上也是少有的。

清明前后十多天，人们开始杀鸡、蒸鱼、煮猪头，每座山上山下，乃至十数里以外的连着亲戚关系的上坟，大家都要祭拜的，有的人家家族大，做一次清明就是浩浩荡荡，“祖先啊，都来吧，都来吃阿，都来保佑我们……”

人们相信，关键时候，保佑自己的，只有自己的祖宗。

人们相信，实际一点，保佑自己的，只有自己的祖宗。

为什么这里的人一直以来都那么坚定地信仰自己的祖宗呢？这也不难理解，就像一个小孩子，他只相信自己的父母，依靠自己的父母。至于别人，就算本事再大，最后会不会帮自己，那可是未知数呢。而自己的父母，不管他们有多少能力，至少，他们会倾尽所有都给自己，会全力以赴来帮自己。

所以，这里的人们最信的，就是自己的祖宗。

这里的民族，是最具童真的民族。

这里的人总认为，靠别的是靠不住的，别的都是“酒醉靠门帘”，只有自家祖先才会保佑自己，别的可能有时候会不会“不得空”咧？

对于别人的帮助，总还会有些许疑问。

对于自己的祖宗，可以完全放心。

这里的人有他们自己的信仰，有自己的图腾。

图腾，自原始人群体起，人们的亲属、祖先、保护神的那种神秘的标志和象征，是人类历史上最早的一种文化现象。在这九万大山山系生活的宜州壮民族，保存着他们本民族的民俗里那些纯朴的古文化元素。

北方的图腾以猛兽为主，南方的图腾以树木、家畜为多。

在祖国的西南部，在广西壮族自治区生活的人们，认为他们的族人都源于某种特定的物种，大多数情况下，人们认为与某种动物例如青蛙具有亲缘

▲ 龙眼树下欢乐多，阿牛种树留传说；当年下枧刘三姐，情定德胜阿牛哥。　韦蒙华　摄

关系，于是，图腾信仰便与祖先崇拜发生了关系。在许多图腾神话中，认为自己的祖先就来源于某种动物或植物，或是与某种动物或植物发生过亲缘关系，于是某种动、植物便成了这个民族最古老的祖先。

图腾崇拜与其说是对动、植物的崇拜，还不如说是对祖先的崇拜。

壮族也跟世界上各民族一样，曾普遍存在过图腾崇拜。壮族人曾崇敬过的图腾，天象方面有太阳、月亮、星星、云彩、雷电、雾霭、暴雨等；还有动物，如鱼、蛇、公鸡、鸟、犬、蛙、牛、犀牛、熊、虎、鹿、猴等；植物有龙眼树、榕树、竹、木棉以及其他树种上奇怪的枝藤；其他还有怪山、怪石、怪岩、山泉、伏流、河流、深潭、森林等。

据记载，壮族十二图腾：

水牛：勤劳、奉献的象征。壮族有“牛魂节”，过去，部分壮族地区忌

▲ 合寨大樟树——见证了中国第一个村民自治的伟大历史　韦炳华　摄

讳宰牛、吃牛肉。

鹭鸟：吉祥物，有通天的本领，又是稻谷丰收的象征。

鹅：在《布洛陀》中，鹅是一种神造的灵物，来源于壮族地区对天鹅的崇拜。在壮族人的观念里，鹅是一种吉祥之灵物，可度送祖先之魂到故地。

图额：水界之神。保护水源，司掌江河涨落和水中一切生物。

虎：虎、图额、雷王、布洛陀本是兄弟。虎为山神的象征，司掌山林一切生灵。

马鹿：形状似马而鹿角。《布洛陀》记载，马鹿是神造之物，是吉祥和幸运的化身。

大象：代表吉祥和幸福。

公鸡：在壮族人观念中，是公鸡报晓带来光明，它还有通神的灵性，所以壮族人主要祭典都离不开鸡，而且要用公鸡。

羊：《布洛陀》说，羊为布洛陀所造，具有善良本性。

狗：在壮族人观念中，狗具有镇邪驱恶的功能。所以壮族人在门口或者寨门立狗塑像辟邪，寄托平安。

猴：乖巧，通人性。壮族民间认为猴本为人同类。

蛙：传说为雷王之子，能向雷王传播信息布置雨水，而水对于稻作民族壮族而言，是生命之源。

另外，树也是壮族人崇拜的图腾。

民间认为，龙眼树是一种具有母性生灵。

古时候，人们忌讳亲自栽种榕树，民间自古迷信一种说法，叫做"容树不容人"，所以榕树一般是由牢狱里的犯人在狱卒的驱使下栽种的。而龙眼树就不同，它是一种报喜树，一般是由父母为新生儿所栽种。

据那些上了年纪的老人讲，谁家门前种有龙眼树，小孩子如果经常去为它浇水，以后孩子长大了，无论天涯海角，家乡门前的那棵龙眼树上结的龙眼都能看得到他，都会守护他。

一些上了年头的龙眼树，常常被村子里的孩子认做“契妈”，仿佛与树订了契约似的，孩子的父母拿了红布系在树干上，摆了三牲，燃一对红烛，叫孩子跪地磕头。于是，孩子每年生日的时候都会去朝拜那棵树，就算有一天长大成人，在外闯世界，也会尽量抽时间回来供样祭拜。人们相信，有“契妈”的保护，孩子鬼神不侵，安康长寿。

在蓝祥家的门前就有好几颗龙眼树。

人们说，那树是龙的化身，它已经成了树精。

因为没有人知道它们生长于何年月，蓝祥出生的时候，它们已是六人合围尚不能拢，等到蓝祥142岁的时候，它已是八人环抱了。

宜州，龙眼树虽不是很多，但现有的每一棵，都是很高大的，看得出它们是很有年头的树。

在岁月的风风雨雨中，总会有不少树会被人为砍伐，但宜州人像有一种约定似的，没有人去砍伐破坏树，因为宜州人认为，树是有灵性的，尤其是龙眼树，它是龙的化身，是神树，它是龙江河神，是那条龙的眼。如果砍伐了龙眼树，龙江河的龙会生眼疾，会看不见东西的。

宜州人对树的情感比其他地方的人会浓烈许多，也正是这种对树的一种偏爱，人们总会自觉去保护它，于是，宜州的山林在全广西来说，也是保护得较好的。

这是一个民族的崇拜与信仰。

这也是人们对生命敬畏的一种表现。

古老的民族有他们自己的信仰。

如果村子里有读书人金榜题名，或在外做了高官荣归故里，族人都会举行祭拜龙眼树的仪式，而且是非常正式与隆重的。

早上，村里的公鸡啼鸣时，虔诚的村民便开始举行祭祀仪式。

首先是请师公作法，师公跳鬼吟诵祭词，大概意思是：我们今天选了良辰吉日，大家来祭拜这蔸给大家带来吉祥的龙眼树，请树神赐福保佑，赐

▲ 歌王山歌代代传　冯建国　摄

▲ 歌王山歌代代传　冯建国　摄

▲ 歌王对唱赛　罗爱群　摄

给我们平安，赐给我们智慧，赐给我们力量，赐给我们财富，保佑全村老小长寿健康，六畜兴旺，五谷丰登，顺顺利利。然后，在龙眼树旁杀只公鸡，将公鸡血一滴一滴地滴进大酒碗中，恭恭敬敬地先礼天，再敬地，最后就敬献给树。拜祭的最后一道程序就是烧纸（呵呵，任何一个世界办事都要钱的），最后是放鞭炮，算是禀报天地神灵，尤其是告知祖宗。

大人们在祭拜过程中，总会告诫自家孩子，要爱护树，它是全村人生命力的象征，树越茁壮，预示着全村人家家吉祥、户户安康。这里的人都非常爱护龙眼树，不允许任何人破坏或砍伐，他们说破坏龙眼，或者偷别家龙眼果实，不得好报。

这里的人们信天信地信祖宗，相信好心好报。

人们还喜欢聚在树下对唱山歌，喜欢在树下互换爱情食物。

绣球是壮族的定情之物，绣球为圆形，布面，绣有花鸟，内装豆类、玉米、米之类农作物，四角缀以五彩布带。它也可作为一种图腾，起到男女传情达意的标志作用，这种标志在社会社交中起着重要的作用，壮家男女通过绣球标志，得到相互的认同。他们相信，这个传达爱慕情谊的绣球会保护他们的关系。

生活在宜州的人，无论男女，从牙牙学语就开始学唱山歌，父教子，母教女，形成幼年学歌、青年唱歌、老年教歌的传帮带习俗。

山歌，是他们表达对生命充满喜乐情愫的一种方式！

在农村，无论下地种田、上山砍柴、婚丧嫁娶、逢年过节或青年男女间的社交、恋爱等，都用山歌来表达情意。有些地方甚至家庭成员之间的对话、吵架有时也以歌代言。唱歌几乎成为壮族人民生活中不可缺少的内容。人人能歌，个个会唱。

古老的歌圩集会和绣球一直流传至今。

因此，宜州作为歌仙刘三姐的故乡素有“歌海”的美誉。

第五节 “庆吉颐重”：寿星沐浴四个朝代的雨露

清代宜山县永定土司寿民蓝祥142岁时，得到清嘉庆皇帝赐诗封禄。皇帝颁御制诗章及匾额，这在中国历史上是第一次，也是唯一的一次。

上苍厚待宜州人。

嘉庆十五年（1810年）十一月初十日，广西巡抚钱楷给嘉庆皇帝写了个奏折：“兹据宜山县知县周冕禀报，该县永定土司境内寿民蓝祥生于康熙八年（1669年）正月，届今嘉庆十五年一百四十二岁。现存曾孙二人、元孙一人侍养。因该村在崇山峻岭之中，人迹罕到，以致曩时失于查报。今闻见确切，理合取具族邻甘结赍报。等情前来。臣查该寿民蓝祥秉性淳良，持躬朴素。沐四朝之雨露，草木增荣；轶三寿之年华，鲵鲐拔萃。曾元绕膝，已皆白发苍颜；作息治家，不异康衢击壤。古稀重届，春秋又阅两三番；花甲再周，岁月还余廿二载。视绛年之书亥数倍旬，欣吉日之符庚祥开椿纪。且也，精神矍铄，言动安闲。虽步履稍倩鸠扶，而饮食无烦鲠视。善称乡里，久孚月旦公评；家集寿康，饶有天伦至乐。作山中之佺羡，嘉征特应于熙朝；领海内之耆英，盛事希闻于前史。”

从广西巡抚钱楷的奏折里我们可以了解到，嘉庆十五年十一月，他根据广西宜山县知县周冕禀报，宜山县永定土司境内有一位老寿星，他的名字叫蓝祥，生于康熙八年正月，到目前（嘉庆十五年）发现他时已经有142岁的高龄。现在与他一起生活的还有他的两个曾孙、一个玄孙，由他的曾孙、玄孙们奉养他。因为蓝祥居住的宜山石别加峒小村，地处偏远，在人迹罕的崇山峻岭之中，导致了以前有失了解情况上报朝廷。现在当地府衙听到这个消息并寻访见到了蓝祥，情况属实，族邻也为其证明，并写下字据画押交给官府，表示愿意承当这种证明的义务或责任，并担保如果不实甘愿接受处罚。

历朝历代，字据画押是要担风险的，这可是上报朝廷的大事，如有作假，会入牢狱杀头的，更何况清代的法制律典有株连九族的重典。

钱楷经过多方调查取证，“宜山土司境内”秉性淳良、持躬朴素的蓝祥经历了四个朝代，宇宙翕变，草木增荣，确已经历了142个春秋。

钱楷上呈嘉庆皇帝的奏折里所说的“鲵鲐拔萃”，正是长寿的象征，鲵齿和鲐背，世间罕见，长寿之征。明李东阳《寄寿菊罗郎中公给事中鉴之父》诗云：“久从仙骨见鲵鲐，又报春风寿域开。”

他在奏折里奏明，与蓝祥一起生活的他的曾孙、玄孙们也是高寿老人，都已白发苍颜。

蓝祥老寿星，日出而作，日入而息，过着简单而快乐的日子，“作息治家，不异康衢击壤”。

《帝王世纪》中记载：“尧时有壤父五十人，击壤于康衢，或有观者曰：大哉，尧之为君也。壤父作色曰：吾日出而作，日入而息。凿井而饮，耕田而食。帝力于我何有哉。”击壤是一种古代的投射游戏。这种游戏讲究一定的技巧，只有瞄得准，力量使用得当，才能击中目标。据晋周处《风土记》和魏邯郸淳《艺经》等书介绍，壤是用木头做的，前面宽后面尖，阔约三寸，形状就像一只鞋子一样。玩的时候，先把一只壤插在地上，人走到三四十步开外，用手中的壤向地上的壤击去，投中的就算赢。

当时蓝祥是否就是在劳动之余，带着他的曾孙、玄孙与乡下邻族人们一起游戏，而玩耍的就是一种投掷游戏呢？

如果蓝祥他们当时的游戏不是类似“击壤”，那么，巡抚钱楷完全可以直接描述那种运动即可，何必要用与之相似的运动来比喻呢？他说“不异康衢击壤”，应该就是与“击壤”游戏无太大差异的一种游戏了。

宜州石别、福龙一带，北牙一带，至今流传于民间的体育游戏还有打火球、抢花炮等活动。蓝祥他们当年玩的“不异康衢击壤”的游戏或许就是打火球、抢花炮吧？

据史料记载，抢花炮是流行在壮族中的一项具有浓郁民族特色的民间传统体育活动，深受当地百姓的欢迎，距今已有五百余年的历史。

“视绛年之书亥数倍旬”，绛，大赤也。

“欣吉日之符庚祥开椿纪”，椿，古代传说大椿长寿。《庄子·逍遥游》有“上古有大椿者”。

蓝祥，就是一棵长寿树。

蓝祥就是康熙八年（1669年）正月生于“宜山土司境内”的一棵“长寿树”！

蓝祥这棵长寿树，在宜州这片土地上，经历了康熙、雍正、乾隆、嘉庆四个朝代。

古代民间有一种说法，叫做“人活七十古来稀”，认为人能活到70岁都算高寿了，都比较稀少。蓝祥“古稀重届，春秋又阅两三番；花甲再周，岁月还余廿二载”。到被发现时的142岁，可谓世上少有，更是旷古未闻的奇人异事，“领海内之耆英，盛事希闻于前史”。

古代称六十岁的为“耆”，亦泛指寿考，所以耆龄也有高寿的意思。《礼记·曲礼》：“六十曰耆。”

成书于秦汉的《礼记·礼上第一》记载：“人生十年曰幼，学。二十曰弱，冠。三十曰壮，有室。四十曰强，而仕。五十曰艾，服官政。六十曰耆，指使。七十曰老，而传。八十、九十曰耄，百年曰期，颐。”

古代的年龄称谓，不满周岁为“襁褓”；10岁以下称“黄口”；幼年泛称“总角、孩提”；童年泛称“垂髫、始龀”；10岁称“幼学”；15岁左右称“束发”；20岁为“弱冠”；30岁称“而立”；40岁称为“不惑之年”；50岁称为“知命之年、年逾半百、知非之年、知命之年、艾服之年、大衍之年”；60岁为“花甲、平头甲子、耳顺之年、杖乡之年”；70岁为“古稀、杖国之年、致事之年、致政之年”；80岁为“杖朝之年”；八九十岁的年纪称为“耄耋”；90岁称“鲐背之年”；100岁为“期颐之年”。

“家集寿康，饶有天伦至乐”。

《毛传》释为：“寿，考也。”马瑞辰注：“考，犹老也。”《说文解字》：“同意相授，考老是也。”此外，《书经·洪范》：“九，五福，一日寿。”

金文“寿”上部以人的形象表意，下部以“畴”表音，加了一只手，表示扶寿，还加个表示酒杯的“口”，为举杯祝寿。

古代的神话传说中，曾有彭祖历经唐虞夏商等朝代，活了八百多岁。

但神话毕竟是神话，传说毕竟是传说。

而广西宜州的蓝祥，却是实实在在存在过的“宜州永定土司境内寿民”。

“百岁春秋卌年度，四朝雨露一身覃。”

这位寿星出生于康熙年间，那时中国人口众多，经济富庶，文化繁荣，疆域辽阔，国力强盛。

雍正年间，王朝有效地改善吏治，增加了国库收入，为社会的繁荣奠定了雄厚的基础。

乾隆年间，清朝的“康乾盛世”达到中国古代的顶峰。

嘉庆年间，嘉庆皇帝铲除贪赃枉法、蠹国肥私的权臣和珅，多方采取措施巩固朝廷江山，大快人心。

蓝祥的家乡宜州是“鱼米之乡”，他出生于太平盛世，长在太平盛世，而获得皇帝御赐的“庆吉颐重”匾额，正好是在严肃吏治贪官的嘉庆年间。

乾隆末年权臣当道，言路堵塞。嘉庆帝首先“诏求直言，广开言路”，鼓励大家向皇帝提意见。

嘉庆皇帝一方面继续重用乾隆后期重用的一些清廉的老臣，他还听从老师朱珪“身先节俭，崇奖清廉”的建议，限制地方向他呈送宝物，“诏罢贡献，黜奢崇俭”。他平时生活也比较节俭，五十大寿禁止民间演戏庆贺，

▶ 打火球——宜州至今流传于民间的体育游戏打火球、抢花炮等活动，传说是从寿星蓝祥当年的“击壤”游戏变化而来。　韦炳华　摄

六十大寿又禁止给他送金珠玉器。另一方面，他“整饬内政，整肃纲纪”，惩治了和珅及其党羽很多贪官，嘉庆五年，处死了向粮道、卫弁索取数万两银钱的漕运总督富纲，十一年四月十六日，革去勒索钱财的河东河道总督职务，十一年九月，查处了直隶司书王丽南侵吞帑银三十一万两大案，获银万两以上的斩首，万两以下的遣戍黑龙江。十四年五月，巡漕御史英纶以贪污卑污处以绞刑，七月处死贪污救灾款并杀害前来查赈官员的安徽山阳县知县王伸汉。

嘉庆皇帝一系列严惩贪官污吏的举措，使得天下一时人心大快，社会风气得到好转。也就是在这时，发现宜山土司境内的寿民蓝祥的事，由地方官员逐级上报中央政府，并同时取具族邻甘结，由礼部核实，下旨旌表。

据史料记载，嘉庆皇帝对于官员的玩忽职守之风是深恶痛绝，且严惩不贷的。嘉庆帝首先从自己做起，学习先帝，勤于政事。每天一大早就起身阅读祖宗实录，批阅奏章，早饭后还召见大臣，对于拖拉延搁的现象严斥不贷。十三年四月，皇孙出世，内阁考虑到嘉庆帝正高兴，怕送奏折影响他，他知道后就对这种做法进行了斥责。十五年正月嘉庆帝斥责部院衙门因循怠玩，二十三年十一月，嘉庆帝又下令查部院疲玩现象，十二月初九规定了部院行查时间逾限处分：嗣后逾限11～20案，罚俸六个月；逾限21～40案，罚俸两年；逾限40～60案，降一级留任……他还多次要求地方官员对民隐民情“纤悉无隐”，据实陈报，力戒欺隐、粉饰、怠惰之风。

嘉庆皇帝喜儒家仁爱的理念，同时儒学修养很好，他的文学、诗歌、书法在帝王中是出类拔萃的。

也许是嘉庆皇帝受儒家仁爱理念的影响，对广西巡抚钱楷所上奏折里的一介边远草民才如此重视，看到广西巡抚钱楷的奏折时，龙心大悦。嘉庆十五年谕：“钱楷奏耆民年届一百四十二岁恳请旌表一折。广西宜山县民人蓝祥，寿逾百龄，饮和食德，绛年倍衍，鲐颜喜见曾元，花甲再周，鹤算尤增岁月。洵难老之殊征，亦寰区所罕觏。熙朝盛事，宜沛恩施。寿民蓝祥加恩赏给六品顶戴并特颁御制诗章及匾额外，着礼部查照旧例加等拟赏具奏，以示惠锡敦宠至意。又奉旨：广西省寿民蓝祥着于加赏建坊银一百五十两外，再加赏银五十两、缎五匹，俱着于该省藩库动用。发去御制诗章、御笔匾额一并赏给。”

《清仁宗御制诗》嘉庆十六年记载：“广西巡抚钱楷奏报宜山县永定土司境内寿民蓝祥年一百四十三岁，喜成七言，用志人瑞。星弧昭瑞应交南，陆地神仙纪姓蓝。百岁春秋卌年度，四朝雨露一身覃。年前腊月中，据广西巡抚钱楷奏报宜山县永定土司境内耆民蓝祥一百四十二岁，且称该寿民秉性淳良，持躬朴素，仰沐四朝雨露，扶携五代曾元。言动安闲，精神矍铄，洵为熙朝人瑞，史册罕闻。既赐以‘庆吉颐重’匾额，并成此什书以赐焉。兹献岁发春，爰录于诗册人日之次，永志寿寓生平盛事。烟霞养性同彭祖，道德传心问老聃。花甲再周衍无极，长生宝录丽琅函。”

嘉庆皇帝赐予的“庆吉颐重”匾额、御诗碑原件，目前就收藏于中国广西宜州市博物馆内。

也许正是嘉庆皇帝的“广开言路”、严惩“官员的玩忽职守”以及他多次要求地方官员对民隐民情“纤悉无隐”，所以才激发了宜山县知县周冕的积极禀报，激发了广西巡抚钱楷及时上奏折。

皇帝勤政，官员不敢懒惰。

皇帝务实，官员不敢造假。

嘉庆皇帝不收官员贿赂，又要求据实陈报，力戒欺隐粉饰。所以，宜山县知县周冕的禀报与广西巡抚钱楷所上奏折的内容都是“今闻见确切”，经过严格核查，并“理合取具族邻甘结赍报”的。

天地见证：人瑞蓝祥——“四朝雨露一身覃”。

史实昭昭：蓝祥确有其人——宜山县“永定土司境内寿民蓝祥生于康熙八年（1669年）正月，届今嘉庆十五年一百四十二岁。”

《庆远府志》载：蓝祥于嘉庆十八年无疾而终。

宜州蓝祥的寿元为146岁。

第三篇　白云玄鹤

云在青天水在河

▲ 三姐故乡风光好，宜山宜水更宜人。　韦炳华　摄

何述强先生说：“一座有山的城市，城市的历史和文化会悄悄地在山上累积、生根，甚至会在山上开花、结果。山为城市收藏秘密……山还会成为这座城市的符号和象征。”

探寻宜州藏在山里的那些神话传说，我们可以清楚地看到这方水土，闪烁着道家的长生、逍遥、至真至善的理念，这种“烟霞养性”、“道德传心”的追求，表现在神话传说中，是符合中华民族传统风格的，即对长寿养生的认知与态度。

第一节　山的收藏：几个神仙故事与传说里的生命之美

“上苍赏赐一笏板，谁人拾得谁上朝。”

在宜州德胜镇，有一座山峰，形如玉笏，山上有明代摩崖石刻“独尊峰”三个字。嵯峨黛绿，满山树木蓊郁荫翳，不必待山雨前后，山顶时常白云缥缈，仿佛神秘而悠远的水墨山水画。云雾缭绕，山径蜿蜒曲折，仿佛有仙人手持一条玉带从云间直接飘落下来。这山中的回音效果极妙，较之一般的山谷回响更为清脆，四面来风之时，如鸣琴、似鼓瑟，鼎沸入声，因此，这山叫鸣琴山，又叫白云山。这一景致被称为“玉笏鸣琴”。

笏板，又称手板、玉板或朝板。玉笏板是古代大臣上朝时拿在手中的器具，文武大臣朝见君王时，双手执笏以记录君命或旨意。《释名》：“笏，忽也，备忽忘也。”

《礼记》中记载，“笏长二尺六寸，中宽三寸”，《礼记·玉藻》也有：“凡有指画于君前，用笏；造受命于君前，则书于笏。”笏一般用玉或象牙、竹木制成。

明代规定，五品以上的官员执笏，五品以下不执笏。

天地造化，大自然总有一些巧合令我们惊叹与惊喜。

宜州，不光流传着冯京三元及第的传奇故事，还有很多很多……

大自然的鬼斧神工，天地造化，常常就是落在一个“巧”字上。

就在这座形如玉笏的独尊峰西北端不远处，有一方侧临清水、绿树婆娑、风景超然、状似蛋圆珠子似的浅洼地，托着一个红墙琉璃瓦的庙宇。庙宇终年香火缭绕，每逢初一、十五，更是热闹非凡。晚钟随风飘颂，木鱼晨鼓顺水铮铮，香客游人，过路行者，立地肃然起敬，顿生些许悟性，显现出一派神秘禅机气氛。这就是当地称颂乃至扬名海外的、充满神奇色彩的地方——北方庙。

首先，不妨究其出处。其实，这庙中所供乃两块连体巨石，横卧着形似观音，左为男子状，右则呈女相，二石相拥连为一体，从正面看却似佛祖如来是也。

据当地人说，此石是明代被一从北方来此巡案的知府大人所发现，它原是东海龙王的眼睛，玉帝令龙王安眼于此觅有缘人，知府大人厌倦宦海风云，便弃仕途于此悟天机，每天优哉地过着与村人一样日出而作、日落而息的无争生活，原先长久困扰他日夜不安的头痛病也好了。后来，他得道羽化飞升而去。传说，他飞升天界时，将上朝的笏板留在了德胜。于是，这块笏板就变成了这座形如玉笏的“独尊峰”。

故事越传越奇。后来，人们便盖起庙宇蔽龙眼石于内长供久养。据说龙眼石“文革”期间曾被破“四旧”的红卫兵小将们用火烧、斧砍、锄挖，他们费了九牛二虎之力，也未损其丝毫。“比铁比钢还硬呢”，触摸过它的人无不称奇。

近年来，因这里风景优美，环境优雅，到此旅游和烧香拜佛的人渐渐增多，求神者有说很灵，也有说不怎么样，反正喜欢来玩的人很多，远至大洋彼岸的美国，也有慕名前来之客，而来自港澳、广东、上海等地的人也就算不上远客了。

顺着一条石子九曲羊肠道，转不过一二十米，一座小庙便呈现眼前。它侧临荡漾碧波的泉塘，四周方圆百亩均为平地，环状高山起伏于眼外百里之遥，因此，令初访者迷惑的是这平地之水从何而来？听听当地人介绍吧，原来这地下有无数的泉眼，据说用它洗浴不生皮肤病，人们说它是“神水”。

宜山宜水更宜人，梦里仙境此处真；云在青天水在河，天地造化酒一樽。

宜州气候温和而湿润，自然环境多样，植物种类繁多，生长不少珍稀药用植物，具有较强和神奇的药用价值。

放眼望去，泉塘两岸生长着百年古藤的草药，它们的根浸泡在水里，加上多种矿物质的作用，这水能治病的道理就自然不必说了，时不时有一些小手指头大小的鱼儿或更小的鱼儿济济嬉于渺渺水面，阳光下泛着碎花银子似的锦鳞宛如皑皑白雪。

当地人用自家地里出产的黄豆炒了，加了圆溜溜、酸酸的土西红柿与这些鱼一起焖烧，那是绝妙的下酒菜。人们说，这菜不光好吃，还能延年益寿。村人待客，餐桌上总是少不了这道风味美餐。

你若有兴致，可与村人一起驾了小船，在碧波荡漾的水面上捕鱼，你可以听四周风吹松林如涛的声响，顺着高耸的古木望蓝天白云，轻风拂面，面对神秘的北方庙，呷一口红兰酒（德胜镇特产，用植物红兰草酿成的甜酒），体味“酒肉穿肠过，佛祖心中留”的意境。

庙的四周，六株参天古树均是挂满藤蔓的榕树，树上还有许多寄生的植物，开一些奇特的花或结一些奇怪的果子，有的一条枝上会开各色花，一朵紫的而另一朵或白或黄。有的果子串豆似的，挺怪的样子。这些植物的叶子也生得很奇，只要你留意比较，便会发觉位于庙右边的树上的寄生植物的叶子全是圆溜溜的，而长在庙左边的树上的那些寄生植物的叶子却呈稍长圆形的，生出“阴阳”叶子的现象的确令人惊奇费解，莫非真是巨石之神力所至？

庙门朝旭日东南方，两条木雕青龙盘绕而上，活灵活现。拾级而上踏入庙门，立于巨石前，霎时一股冷气袭来，如冰剑一般，好不神爽。那巨石实际是陨石，陨石所含的矿物质不同，产生了某些磁场效应，因而影响那庙侧面的水、周边的植物，同时强化磁场与反射静电作用于人的身体，就有了神石治病之说。陨石这天外飞来之物果然能给人不平常的感觉，难怪不少百姓把它神化了。

如果你要是觉得这座山，这座山周边的石头，庙宇充满了不可思议的神秘传奇，你若视之如珍宝美玉，那我们当地人会得意地告诉你，这不过是玉的细屑而已。

宜州的每一座山都有故事，都有数不尽的风流、风光。

但要问哪座山最有“仙气”，首屈一指的，是会仙山！

会仙山，在城北一里处，如如不动，守望着这座城市。

会仙山有仙字岩，即徐霞客所谓深井。深井岩壁上有后人刻一巨大的“仙”字。徐霞客云：有仙自井底升。所谓井，实为天坑。

宜州这座会仙山，顾名思义，是一座汇聚了仙迹的山。传说，曾经有许多仙人骑着仙鹤聚集于此。

仙人为什么聚集于此呢?

自然是因为这里风光好。

自然是因为这里人善良。

传说，西王母蟠桃会时，宴请十方仙家。有一位仙子骑的仙鹤飞过了九十九座山、九十九条河，飞累了，却不敢到下界休息，因为害怕人类猎杀。但当它到宜州时，见到这里不光山水秀美，人们也十分善良，刘三姐唱着山歌邀这位白鹤仙子下来作客。于是，白鹤仙子令白鹤落在这座山上，与刘三姐兴致勃勃地对起山歌来，天上赴宴的神仙们听到白鹤仙子与刘三姐对唱山歌的美妙旋律，纷纷停下赶路的脚步，化身为普通百姓，一起聚到山上听他们唱歌。

当地山上一下子多了那么多陌生人，而每位陌生人长得都非常善良美丽，于是大家纷纷问他们来自何处，但他们却笑而不答。

人们说，不管你们是从哪来的，一看就知道不是本地人，走了那么远的路，一定又渴又累了。于是，大家纷纷拿来自家种的瓜果吃食，有的还热情地叫他们“进家吃粥”。

众仙人觉得这里的人太热情好客了，赴了王母娘娘蟠桃宴回来之后，常

▲ 雨后西竺寺金顶显现的佛光奇观。 韦炳华 摄

三五相邀，到这里聚会，与当地人对山歌、游乐玩耍。于是，人们就把各路神仙常聚会于此的这座山叫做会仙山。

会仙山上有个白龙洞。

宋代地方官员张自明于白龙洞题诗：“白龙洞口白龙台，一府南天眼豁开。仓壁漫题三数字，后人还笑我曾来。”

据史料记载，他是一个喜欢游山、题诗却常常不落款的人。此公率性而为，可见洒脱。

此洞内有一条活灵活现的洁白的石龙，是一块晶莹的钟乳石，盘卧于洞中岩石之间，“鳞甲宛然”。

传说，唐末河东陆禹臣的高人在这白龙洞中修炼成了神仙。当地老人讲，山上还有他炼丹的药炉。

我们不知道这位陆仙翁为什么要选择在这里修炼。是因为这里的山川恰巧与道家阴阳理论相符合，还因为这里是仙气聚集的地方？

《宜山县志》关于这座山的描述：“常有紫云鹤乘空而下，如神仙之会，故又名会仙。”

《汉书·艺文志》载：“神仙者，所以保性命之真而游求于外者。”

道家修炼成仙就是以长生为生命之美，以至真为生命之美，以至善为生命之美，以逍遥为生命之美。

“烟霞养性”、“道德传心”，就是道家所追求的。

由此可见，道教在宜州出现是较早的，那时，有不少人对道家的长生、逍遥、至真至善的理念是推崇的，同时也在积极效仿。

曾经在这座仙山洞中修炼的人，不光有男的，唐朝时，还有两位女性也

▲ 白龙洞石雕　徐国环　摄

在此修炼过。《宜山县志·杂流》载：“崔莫二仙姑，不知何许人。城北有会仙山，由流丹阁而上，悬崖百尺，石岩一区，其半是二仙炼丹处。”

可见，那时人们的生活态度是推崇“烟霞养性”、“道德传心”的，出了传说中羽化升天的陆仙和崔莫二仙姑，也出了史册上的陆地长寿仙蓝祥。

红尘中的人们无法像陆仙翁和崔莫二仙姑那样隐遁山洞，但他们“烟霞养性”、“道德传心”。抱着这样生活态度的蓝祥，自然长寿。

传说，唐朝时，还有一个叫罗仙的放牛娃，有一天在会仙山下放牛，遇到一位鹤发童颜的赤足老翁，就把自己带的干粮送给老翁吃，又把自己的鞋子送给老翁穿。当他知道老翁是孤身一人时，还把他接到家里当成父亲一样孝敬供养。

一天，老翁问放牛娃罗仙，会不会觉得自己拖累了他。

罗仙乐呵呵地说："家有一老，如有一宝。"

老翁从龙江河里舀了一勺水，说："好心人，你供给我吃和穿，我只有一勺水与你。"放牛娃罗仙说："您是老人家给的清水，在我看来就是蜜呢。"

罗仙喝了老翁的一勺水，觉得身子越来越轻，慢慢地就飘了起来，一直飞到了天上。

到了天庭的南天门，把守天门的神兵立即为他开门，立刻通传："大孝子罗仙到！"

"好心有好报。"讲这个故事的老人们这样说。

"孝心的人有好报。"讲这个故事的老人们还这样说。

尊孝道的民族就是快乐如仙的民族，他们的人生观是"道德传心"的如实写照。

在《县志》中还有一个关于"笑和尚"的记载。笑和尚是一个"遇人辄笑"的人，他住在雪花洞内，会神奇的法术，会飞天遁地，"善医，人有病呼之即至"。

神话传说，往往就是一个社会民情的镜子——

这是一个与人为善、相互见面就"笑"的民族，更是一个"呼之即至"，热心相助的民族……

会仙山，众多摩崖石刻又让它成为一座写满"文化"二字的山。有不少人数过这山上的摩崖石刻，有五六十处之多。

《宜山县志》载："山顶有方石镌'骑云'二字……洞口有副将杨彪重修白龙洞碑。内有明指挥彭举所书'云深'二字。石刻零陵刘良彦直诗并序：……'蓬莱仙人缘玉杖，载酒携琴夜相访'……'醉中不知苍海竭，相邀西宴蓉城。宜阳别有仙人境，瑶草琪花几千顷。'……左刻郡人张烜诗：'倚空壁立不知秋，碧水岚烟翠欲流。飞鸟直登巅上望，白云玄鹤两悠悠。'壁上旧有明岳和声诗。咸丰间，石达开刊其党唱和诗于此。"

何述强先生认为："太平天国的铿锵诗韵在这里只是一声呐喊，而陆仙翁和白龙是这座山底蕴。”

大自然这造物主恩赐于我们的每一物件，都会汇聚人类不同形态的文化。大自然赐予了宜州奇和美，人们不同的感受又给它添了几种神采和多了几分神秘。

何述强先生还说：“一座有山的城市，城市的历史和文化会悄悄地在山上累积、生根，甚至会在山上开花、结果。山为城市收藏秘密……山还会成为这座城市的符号和象征。”

两千多年来，宜州流传关于众多神仙的传说，体现的是当地人民那种对坚韧精神的一种追求，对浪漫自由的向往，也就是对美的追寻。

当年的书院山长郑献甫登临此山时，吟唱的“访古耻同俗，登高思会仙”的诗句时常在我们耳畔回荡着一种金属质的声响，铮铮有声，净化灵魂，云在青天，水在河，淡泊的人生让我们进入那种勇者无畏、无欲则刚的境界。

从那些神话传说中，我们可以清楚地看到闪烁着道家的长生、逍遥、至真至善的理念，为了实现生活中的理想，这种“烟霞养性”、“道德传心”的追求，自然而然地表现在神话传说中，是符合中华民族传统风格的，即对长寿养生的认知与态度。

这是生命之美，如花。

天地拈花。

宜州人微笑。

第二节　乾坤和谐：锦绣河山无字天书妙手著

天地拈花的时候，宜州人微笑着歌唱。

中华几千年的历史文化长河，总源头于何？

一画开天！

太极生两仪，两仪生四象，四象生八卦。

自然就是《易经》。但自然指的不单单是大自然。自然指的是和谐。

博大精深的《易经》，其实主题就是一个——和谐。

天地万物的和谐。

CCTV“百家讲坛”《易经的奥妙》主讲人曾仕强先生认为，把《易经》当做一本算命的书，实为浅薄。它是解开宇宙人生密码的宝典。

天人合一，阴阳调和，人与自然和谐相处，这些凝聚了中华先贤智慧的哲学思想，是我们祖先实践所积累的经验，其中，它所形成的人居环境优化选择的方法，于科学昌明的今天也非常实用，因为，《易经》本身就是科学，是中华几千年思想智慧积淀的精髓。

和谐是一种“活”的东西，和谐是真理，和谐是科学。

所有和谐的东西，就一定能经得起时光岁月的打磨，光芒四射……

叮叮当当打开门，
你是哪里来的人？
我是河边壮古佬——

20世纪90年代，宜州刘三姐乡“壮古佬”景区的得名，就是当年河池学院的学者何述强先生从宜州这句民谣中为其择了“壮古佬”这三个字。

先生释“壮古佬”之意为“壮族老大哥”。

“壮”，顾名思义，妇孺皆知所指便是我们壮民族；“佬”，就是“大哥”的意思；“古”，又作“我”。这又可作“我们壮族大哥”之意。

无论过去还是现在，生活在这一带的乡亲百姓，都有一个习惯，称呼比自己年长些的男子为“哥佬”。所谓“哥佬”，就是“大哥”的意思。它不光是一个文明礼貌的称呼，更多的带有一种敬重与亲近之意。

这条美丽的龙江河养育着世代宜州人，生活在两岸的宜州人便说“我是河边壮古佬”——人们说，“我们是住在龙江两岸的壮族老大哥”。

恰好，这个美丽的“壮古佬”景区就在这秀丽的河边。

这是个再适合、再准确不过的名字了。

“壮古佬”——美哉！

“壮古佬”——和谐哉！

说它美，是因为这个名字表现了我们宜州人民美好品德中的热情与待人宽厚；

说它和谐，是因为“壮古佬”景区发展至今愈加壮大、秀美。游人如织。

所有“和谐”的，就是正确的。

可是，也曾有一些人说这个名字不好，说“佬”是贬义词。唉，人若自轻，那是一件很无奈的事。或者，我们也可以说，你心中有什么，眼里便有什么，你便是什么。

佛经里有这么一个小故事。苏东坡问佛印禅师：“你看我像什么？”禅师说：“像佛。”随口也问他：“你看我呢？”他揶揄地说：“我看你像一堆牛粪。”禅师听了却并不动气只是置之一笑。苏东坡回家向苏小妹炫耀自己赢了禅师。苏小妹却告诉他说：“你以为就你有学问？其实输的是你。”他还不服气地说：“我已经说得禅师哑口无言了呢。”他家小妹说：“哑口不代表无言，禅师懒得与你计较。禅师的心中有佛，所以才看你如佛；你心中是牛粪，所以才视禅师为牛粪。”

呵呵，心里有什么，看见的就是什么。

我们龙江两岸的壮族人视自己为“壮古佬”，在世人眼里，这是一位勤劳智慧的老大哥，一位快乐豁达的老大哥，这老大哥自信地经营着自己的土地，倚锄等待，嫩芽青青，果熟稻黄——

我们以“哥佬”的形象要求自己，对待生活在这片土地上的各民族兄弟亲如一家，快乐地在这个大家族里和睦相处，“家”和万事兴。

目前，全市现辖16个乡镇，210个村（社区），总面积3869平方千米。总人口67万，其中城区人口15万多，农村人口51万多，居住着壮、汉、瑶、苗、仫佬、水、毛南等30多个民族，壮族是宜州人口最多的少数民族。

自公元前111年（汉武帝元鼎六年）始，置定周县至今，两千多年过去了，这个大家庭的人民一直和谐共处，从无民族矛盾纠纷。

这里的本土民族，以家中兄长“哥佬”的姿态对待其他兄弟民族，尽显仁厚、友爱，相亲相助。

有资深学者论述，壮族文化具有宽容广纳的特征，对异质文化充满了一种包容。

这种宽容的特征，有如这里的一座座高山；广纳性又如龙江接纳细流。

自古这方水土上的黎民就有广纳性的特征，在朝廷推行周礼的涵濡教泽下，“遂与中土无异”（《庆远府志》）。

和谐，是它不变的主题。

我们中华民族，是礼仪之邦。

曾仕强先生说，我们之所以叫“中华”，是因为太极就叫“中”，其上面部分为“华”。“中”就是守住中道。

“中”就是“好”，我们这个国度是一个善良之“女”与厚德之“子”的“中华”，天地和谐、自然和谐、阴阳和谐、人与自然和谐……万物和谐。

▲ 六坡水库风光好，长饮甘露琼浆妙；长寿源头瑶池处，天地合谐人不老。
（六坡水库是宜州人的饮用水源）　李增英　摄

大到宇宙，小到个体，“中”就是太极，是和谐。

中华的每一寸土地，都生长“仁”、“义”、“礼”、“智”、“信”。

我们宜州人生活的这片土地，宜山宜水宜人——

“宜”就是“好”。翻开字典，我们看到：宜，从“宀”从“且”。“宀”是“家”的房顶，那是一个为我们遮风挡雨的地方，指“处所”、“地点”；“且”意为“给力”、“用力”。“宀”与“且”联合起来，就表示“力量用在指定的地方”。

“宜人之州”，就是67万兄弟姐妹力往一处使的大家庭。

《苍颉篇》所言：“宜，得其所也。”本义：力与着力点匹配。引申义：恰当；正好。

《说文》：“宜，所安也。”

《尔雅》：“宜，事也。”

《诗·小雅·裳裳者华》：“君子宜之。”

《诗经·周南·桃夭》：“宜其室家。”

《吕氏春秋·察今》：“世易时移，变法宜矣。”（宜矣：正当时呀）

宜，就是好。如：宜子（女子富有生育能力）、宜民（使民众安辑）、宜时（适时）、宜春（适宜于春天）、宜年（指丰收之年）等。

《易经》的智慧，要用自然的法则来规范现代的科学，让科学协助人民过幸福的生活。

自信自强的宜州人，与这里的一山一水和谐共处。

厚德乐观的宜州人，与这里的一草一木和谐相处。

于是，锦绣河山用无字天书妙手著乾坤和谐的华章——

宜州市位于广西壮族自治区中部偏北，龙江中游。地处东经108°～109°之间，北纬24° 0′ 10″～24° 5′ 25″之间，东与柳城、柳江两县交界；西同河池市、环江县毗邻；南接都安、忻城；北与罗城接壤。

《宜山县志·疆域》载：“宜山县东西距一百八十里，南北距七十里。

府志，东至大曹村，接柳州府柳城县界四十里，西至金城江，接河池州界一百四十里，南至石别堡，接永定土司界四十里，北至长沙堡，接天河县界三十里，东南至下维村接柳城县界七十里，西南至白土司董村，接永顺土司界一百三十里，东北至天桥堡接柳州府罗城县界五十五里，西北至冷水堡接思恩县界九十里。东西广一百八十里，南北袤七十里。”“境内山岭重复”，“龙江一水自河池州金城江入境，过东江环、带两溪，自北合流，注之”，“凡注龙江小水计十有余支”。

《宜山县志·纪地》载：“定周水首受无敛，东入潭行七百九十里。”（《汉书·地理志》）

宜州市域面积3000多平方千米，其中中山、低山面积占27.47%，丘陵面积占58.80%，台地面积占3.53%，平原面积占10.20%。自然环境优越，地属亚热带季风气候区，气候宜人，光照充足，雨量充沛。年平均日照时数1696.9小时，年平均气温在19.6～20.2℃之间。

从空中俯瞰，宜州的地理位置也极具造化，就像天地间口中含着的一件橄榄宝石。

人们常说，有高山的城市，人厚道；有河流的城市，人聪慧。

宜州的地理山水，被宜州人应用得充盈着和谐的光彩。

无论是整体城市的规划与开发，还是乡镇村落各家的布局，处处充满了和谐的氛围。

遵循自然规律、与自然和谐相处的宜州人，在这一片上苍赐予的宝地上书写着天人合一的传奇——1993年撤县设市以来，宜州人民同心同德，励精图治，艰苦创业，探索出适合宜州市情的发展道路，先后在1999年、2006年和2012年三次对城市建设总体规划进行编制和修编，奠定了城市建设发展基础，总体规划由局部发展到全面协调科学发展，宜州正在向城市空间结构布局更趋合理、竞争力显著增强、综合服务功能更加完善的桂西北新型中等城市迈进。

共同发力就是天人合一、人与自然和谐相处的表现，宜州人把《易经》这一科学宝典的精华演绎得淋漓尽致——20年来，宜州人民在经济、文化、城市建设等方面都取得了很大的突破，宜州人会以撤县设市20周年为新的起点，认真领会党的十八届三中全会精神，以融入“柳来河一体化”发展战略为契机，不断深化改革和创新，认真总结经验和教训，为宜州的城市化发展与同城化建设奠定基础。

宜山宜水的宜州，人们正为实现富民强市新跨越和建成一个桂西北新型中等城市共同发力。

共同发力就是，共舟共济，顺乎自然，尊重科学。

“一生二，二生三，三生万物。”这里所说的“三”就是变化，就是要顺应自然的科学发展，这种“顺应”就是“变化”，是科学的“变化”。于是，宜州人将着眼长远发展，认真谋划，进一步理清城市化发展思路，为城市化建设提供科学依据和保障；依托产业结构调整，进一步加大工业、旅游业等产业的支撑力度，为城市化发展提供人力和财力的支持；进一步改进工作作风，强化干部队伍建设，为推动宜州城市化稳步发展提供坚强的组织保障。

宜州的神奇山水，就像一部无字天书，《易经》告诉我们，运用大自然中的规律来掌控我们自身的发展规律，和谐社会，安乐人生。

有梦就追——

第三节　天人合一：
天道阴阳　地道柔刚　人道仁义

宜州，精美的石头会唱歌……

唱的什么歌?

唱着天人合一的歌。

《庄子·达生》曰：“天地者，万物之父母也。”

老庄哲学就是对天人合一的阐述。

人类只是天地万物中的一个部分，人与大自然是息息相通、不可分离的一个整体。

季羡林先生对其解释为：天，就是天地大自然；人，就是我们人类。所谓“天人合一”中的“合”就是互相包容、适应、相辅相生，有“和”才能“谐”。

“天人合一”的思想无处不在，尤其表现在中国文化中。

宜州市的历史可追溯到2100多年前，这里自古以来就是桂西北经济、文化、军事重镇，是文化荟萃出彩的地方。

无论是本土宜州人，还是外来的人们，有太多的人颂扬过这座桂西北经济、文化、军事重镇的辉煌历史了。

就让我们从沧海中撷一两颗小水珠，看看它那一缕七彩霞光吧……

当现代文明呈现给我们宏伟与丰富多彩的时候，中华上古文明的流传却以它永恒的魅力在感召着我们，因为现代文明与民族习惯、宗教信仰是息息相关的。

广西壮族自治区是佛教从海路传入我国最早的地区之一。

据《汉书·地理志》记载，西汉时期，广西的环北部湾沿岸与东南亚和印度等地，已有了海上航线。结合文献记载及东汉至南北朝早期佛教文化遗物的考古发现可以推测，大约在西汉时期，佛教就已经传到了广西地区。宋元明清时期，广西地区的佛教逐步向桂南、桂西和桂西北扩散。据现有资料，宋代，佛教经过一段时间的传播，新建寺院达131座，连同宋以前建的59座（五代8座，唐45座，唐以前6座），共190座。在宋代，广西以禅宗和净土宗最为流行。这里历代名僧辈出，其中著名的有宋代的楚圆禅师和清代的元济和尚。清代的元济，字石涛，号瞎尊者、苦瓜和尚等，是名僧，又是著名的画家。明代的释应能，也是广西名僧。据明代如惺《名僧传·卷四》载："释应能，伪姓杨氏"，为靖难之役后被废黜的皇帝建文帝，即朱允炆，云游到宜山西竺寺。"建文帝纵火焚宫……削发自御沟出遁云游四方。自湖湘入蜀、云南，复闽入广西十五年，升座演法，归者甚众。所至成大法席，人不知是帝也。"《庆远府志·卷六》关于西竺寺的记载也说到了"明惠帝云游至此"的事实。

朱允炆"靖难之役"后到宜州时食宿在西竺寺内（《庆远府志》、《宜山县志》记载惠帝"宿西竺寺"）。在宜州青鸟山下、龙江小北门渡口南岸，朱允炆留下了遗迹。

据有关材料记载，在渡口南岸临江的崖石中，有一块高约2.5米、长约3米、宽2米、厚1.2米的"生根龟形石"，石上东南面镌刻字径0.5米的"泣血"二字。距"泣血"崖石以东约25米处另有一高1.8米、径1.1米，如卧马昂首呼啸的突兀屹立巨石，上端镌刻字径0.25米的"祭台"二字，其下原有两块一尺见方的碑刻，岸上原有一坟，立碑"义马"。

关于惠帝"所终"，一直是个谜。《明史》云："自焚于宫中。"野史说其出亡为僧。《明史纪事本末》亦有惠帝南走巴、黔、滇、桂各地的记载。

宜州老一辈的人传说，惠帝曾在宜州的西竺寺为僧。据《庆远府志》、

▲ 千年铁城不平庸

《宜山县志》载：

惠帝云游至庆远，寓西竺寺，叫卫指挥使（彭）英先曾侍帝，遇之呜咽不自胜，馈蒸羊，帝起作偈而诵之，乃食。是夜，旧日君帛促膝长谈，感慨人世沧桑，次日清晨，改水道乘舟东去。既登舟，英复多所献，帝解所乘马酬之，复作偈曰："蹴踊人间几许年，艰难险阻共周旋；我今别尔东西云，何日相逢兜率天。"及解缆，其马腾跃，触石而毙。

惠帝及彭英等在场者深为马之忠义感动，惠帝遂蘸义马热血疾书"泣血"二字于崖石之上，临江设台祭祀，厚葬义马于南岸，立碑为"义马"。

至今，宜州仍流传着当时惠帝为避难而在西竺寺为僧的传说。且他"宿西竺寺"亦是有史记载的，而那"泣血"崖石至今仍立于宜州青鸟山下、龙江小北门渡口，现已成宜州旅游路线中的景点之一。

历史传说、名人遗迹、古刹风物给宜州城注入了深厚的人文底蕴。而作为当时粤西较大的古寺庙，西竺寺几经变迁，里面还有不少未解之谜有待人们去探究。

宋代，耸立于城西后街的西竺寺就是当时宜州的显著标志。西竺寺的主殿大雄宝殿在当时粤西各寺院建筑中，是规模最大的。高大、庄严、俊秀的佛像，在粤西佛教界具有特殊的影响力和知名度。徐霞客到宜州考察时，在《粤西游记四》中描述："西竺寺在城西门外，殿甚宏壮，为粤西所仅见。"西竺寺大雄宝殿在当时广西的各寺院建筑中规模的穷极伟丽由此可见一斑。

西竺寺作为"为粤西所仅见"的大寺庙，可见宜州人对"善"的向往与追求。

善良的土地生长善良的文化元素!

佛寺是在佛教传入我国之后才新出现的一种建筑类型。

众所周知，建筑直接反映民族、地域特点、生产力水平的高低和文明的发达程度。

遍布八桂大地、林林总总的古建筑，无不蕴含深厚的历史文化，体现广西各民族伟大的智慧和高超的技能。

审视古建筑，如同翻阅一本厚重的历史大书，不仅赏心益智，而且鉴古知今。

建筑，是一个地区政治、经济实力的整体反映。

楼阁、祠庙建筑，最能反映民间才智和价值取向。

徐霞客到宜州考察时，沿后西街到西竺寺，后西街旧址就在桂鱼街。

《宜州文史》这样描述桂鱼街："桂鱼街位于宜州城区西部，从宜州城西门外（今县前街16号）起到竹水塘止，全长一华里。"

关于桂鱼街的得名，《宜州文史》这样描述："桂鱼街的街道是沿着岭坡上下，前后段路面都是石阶步阶，中段用青石板铺成，路面5米宽。石步级中的一块青石板上有两条桂鱼化石，因成得名。这一对桂鱼，桂鱼的细磷和须清晰可辨。一条长20厘米，宽10厘米；另一条长15厘米，宽8厘米，面积约0.09平方米。由于时间久远，这一对桂鱼被行人踩踏得油光铮亮，栩栩如生。据街坊八九十岁的老人们说，清初就以这对桂鱼命名为桂鱼街。”

关于桂鱼街的形成，庆远镇的一些老前辈们口口相传的说法是，桂鱼街形成于北宋年间，到元、明时，基本形成规模，清初正式命名为“桂鱼街”。

桂鱼街之“桂”原为“桃花流水鳜鱼肥”之“鳜”。20世纪80年代初，人们将其写为“桂”。

从整体构造来说，我国历代的建设多以《周礼·考工记》为指导思想，所以大都体现出布局整齐划一的典型特点，宜州“城西门外”的西竺寺尤其明显，“殿甚宏壮，为粤西所仅见”。

徐霞客在游记中描述：“西竺寺前平地上石峰涌起环绕而立，是大门是峡谷，是山峰是屏障，小峰之上，每每有巨树盘踞着，树根笼罩缠绕，与岩石融为一体，树干屈曲下覆，极似苏州盆景中雕凿捆扎而成的模样……”

西竺寺的大门，三门并列，中间是正门，两旁为侧门，里面供奉金刚力士。有天王殿，内供四大天王像。大雄殿，也称大雄宝殿，位于天王殿之后，是西竺寺的主殿，里面供奉寺庙的主佛、主菩萨像以及陪同的菩萨、诸天、罗汉等像。

藏经楼，也称作藏经阁，是储存佛教经书的建筑，是高层楼阁，在建筑布局上作为寺院之最后部分，起到压轴收结的作用。

此外，寺内还有戒堂、僧舍、茶堂和寺院园林等建筑，建筑面积一千多平方米。

建筑材料以青砖、杉木为主体。建筑细节技巧突出，檐雕活灵活现。窗雕、石雕、砖雕玲珑剔透。壁画上的诸佛菩萨形态逼真，色彩丰富，充分显示出佛文化的博大精深。精美的工艺、逼真的神态，显现出当年建筑业界高超的雕刻技巧。

宋代西竺寺的建筑规模非常宏大，大雄宝殿的飞檐尤其彰显出寺院的庄严与气派。人们就是从今天残存的碑记描述中便可知，寺院“宝殿穹临，高堂伟峙，隆楼杰阁，金碧辉焕，宏宏大厦，楹以千计”。

元、明时期西竺寺被焚毁，徐霞客检视过《重修本竺寺》残碑，可考清时曾多次修复的记载。

可惜因为后来受战乱影响，西竺寺日趋衰落。

据《宜山县志》记载，西竺寺于民国三年（1914年）改为关岳庙，人们供奉关公，立关公的牌位祭祀，但辛亥革命一爆发，官府就停办了关岳庙。当时宜山县和全国各地州县一样，都成立了议董会，官府就把关岳庙作为议董会的办公地点。

袁世凯篡权后，为了笼络人心，下令全国各地恢复武庙。于是，宜山的地方官员便将关岳庙改名为“武庙”，重新竖起关公的牌位祭祀朝拜。当地官员还遵照部令，将岳飞作为配祀供敬。自此，人们将其称为“关岳庙”。据《宜山县志》记载：“庙址宽20米，纵深60米，庙幽深肃静，孩童不敢入内。”目前，遗存的石础直径为0.7米，可见当年建筑规模之宏伟壮观，确如徐霞客之描述，“殿甚宏壮，为粤西所仅见”。

《庆远府志》：“西竺寺，府城西门外，旧名西明。宋治平年间，改今名。明惠帝云游到此。嘉庆二十四年，官绅重修。”教授唐仁《西竺寺望月》诗云：“梵殿凭栏送夕阳，浮云卷尽露蟾光。人间皎洁千潭印，天上玲珑七宝镶。把酒狂吟行步影，拈花微笑坐焚香。夜深底事惊衣冷，为有冰心透骨凉。”

民国十八年（1929年），宜州设立第一所公医院，当时的政府拨款将关岳庙改建为医院院舍，院址就在西后街，即桂鱼街。

徐霞客所赞叹的“殿甚宏壮，为粤西所仅见”的西竺寺，就这样从宜州的记忆里被删除了吗?

徐霞客所赞叹的“殿甚宏壮，为粤西所仅见”的西竺寺，就这样从宜州的土地上消失了吗?

不会的，宜州这块自古就充满着灵性的多情土地，不会让这一体现着“和谐”的文化元素消失的。

因为，宜州与宜州人的世界，是一个天人合一的世界。

因为，宜州人在宜州这片土地上，不会让文化之树枯萎。

因为，这个民族的根，生长着两千年历史文化底蕴的传奇。

1999年，祖籍湖南的释来光法师云游到宜州，在当地政府的大力支持下，化缘捐资修复重建西竺寺，并将其旧址迁至距市中心2千米的北郊花婆岩，对游客开放。景区占地面积为50亩，其建筑呈主、侧峰分布格局，有十八溶洞，主峰宛如一尊庄严端坐，头顶三朵莲花的佛祖。侧峰似狮子听观音诵经。洞中有生根石刻成的千尊佛像，为天下一大奇观——中国青石雕佛教胜境第一寺。中国地域广阔，佛寺遍布全国，尤其是各大名山大川，佛教圣地更是林立其间。中国处处有庙，庙里处处有佛。一两个青石佛雕本不足为怪，有一两座青石佛雕的寺庙也不足称奇。可是，把一整座山峰天然的十八个溶洞的青石雕刻成千尊佛像，难道不令人叹为观止吗?

这就是宜州天人合一的又一个真实故事。

至此，西竺寺成为集名胜古迹、自然风光与佛教文化于一体的旅游景点和游览胜地。

善良的土地，生长善良的文化元素——

在宜州市刘三姐乡坝头村，有一座山岭，当地的人们管它叫做“浙大岭”。

75年了，宜州一直把浙大西迁于此办学的那段岁月珍藏在记忆里，把浙大西迁到宜山办学当做宜州历史上特定的纪年纪事，把浙大在宜山坝头村建校舍的那座岭叫“浙大岭”。

那是75年前，在抗日战争烽烟蔓延南烧之时，国立浙江大学在竺可桢校长的带领下举校西迁至宜山（现宜州）继续办学。……一位96岁的来自湖北的老校友回忆当年的情景时说，因为日寇的飞机常常来轰炸，每当警报一响，师生们就有序地撤离教室躲进山洞继续上课，夜晚，燃起煤油灯不停苦读……老人家动情地说，当年，他们就像一群无家可归的孩子，是宜州收留了他们……历史悠久、民风淳朴、崇尚文化、开放包容的宜州敞开怀抱欢迎浙大的到来，当时的县政府大力支持，把原工读学校、文庙、湖广会馆、标营等最好的建筑和地方拨给浙大，并组织群众帮忙搭建校舍，浙大的教师们则分散安排居住在城内条件较好的民众家中。马一浮、丰子恺、苏步青、谈家祯、王淦昌、贝时璋等老一辈教育家、科学家、文学家从那时起就在宜州留下了他们言传身教的身影和辛勤耕耘的足迹……穿越险山恶水、穿过枪林弹雨而来的浙大师生，在宜州这片土地上找到了“家”，每一寸土地都是他们的乡土，每一个宜州人都是他们的亲人。

宜州，是一块坦荡包容的土地。

宜州，是一方勇敢善良的热土。

宜州，是一隅智慧勤劳的地方。

宜州，是一片快乐和谐的乐土。

宜州的坦荡包容、勇敢善良、智慧勤劳与快乐和谐，让这片土地上的生命颐养天年，安康长寿……

宜州，坦荡包容的土地、勇敢善良的热土、智慧勤劳的地方、快乐和谐的乐土孕育的宜州人就像这龙江河里的一条条快活的鱼。

《易经》的智慧向我们展示了其中这样一个道理：水如果不动，鱼就不能活。

“动”就是发展。是合乎自然的发展。所以，宜州人懂得，我们必须顺应时代，向前发展。

《易经》的“易”有三义，第一个是简易，第二个变易，第三个不易。

什么是简易？

“一阴一阳谓之道。”

如果用简易例子来说，比如我们的手，手心是阴，手背为阳。我们想拿一样东西，可以曲指以抓，却无法曲背以取，这是一个非常简单的道理。它无非告诉我们要顺应自然，不能违背自然，没有必要把简单的事情复杂化。

如果我们说，要为全市的发展建设作出什么巨大的贡献的话题，对每一个小百姓而言，我们单个的“这一个”个体又似乎太小了，小得如一滴水，但正是这一滴滴水，汇成了龙江河，载动宜州这只“舟”向前。

所以，如果我们要想有什么作为的话，那就先做好自己的本职工作，尽心尽力去做。这句话说起来容易，但做起来，有时却常常被人为地复杂化。比如，当人们去办一件“理所当然的事”的时候，往往却遇到“科长现象”、“股长现象”，会把一件如“以手心曲指以抓物件”的简单事情，人为地刁难为“曲背以取”的复杂事情。

这就是违背了“道”。违背“道”的后果，必将受到“道”的惩罚……

人们感叹世事无常，这要说说“变易”。

其实，“变”是一种现象，属于“因”；在“变”这个“因”的后面接踵而至的，一定是“果”。这就是我们常常说的“老天注定”。

当我们说“老天注定”的时候，或当我们说“因果报应”的时候，人们往往想到的是迷信宿命的论调。否！

用《易经》来释“因果”是科学，跟迷信没有关系。换句话说，那些不懂的人，才会迷信，或者心怀诡计骗人谋财之流才会故意给它蒙上迷信的色彩。比如，我们迷路的时候，“因”是我们所选择的路，“果”是我们最终所到达的地方。

有什么样的“因”，就会有什么样的“果”。这是注定的！

佛经上说，凡人畏果，佛菩萨畏因。

世界四大宗教文化博大精深，笔者却是无神论者，所以在这里便暂且将“佛”视为“高智慧”的代言吧。

聪明人是有智慧的人，不会逆天而行。所谓“天”并不是指虚无的“上天神仙”，它指的是人人必须遵守的规则。

比如，“收受贿赂”是“因”，那“东窗事发”便是“果”。

某些“收受贿赂”的人首先想到的是“发财”、“占便宜”的“果”，而没有想到这个“收受贿赂”一定会导致“东窗事发”的“果”。

不过，说他“没想到”，是不对的，应该说他不相信这里面的“因”与“果”是一种“注定”的关系。

所以，他才会“不怕”。

但说他完全的“不怕”也不对，他也是“怕”的，怕什么？怕“东窗事发”的“果”。

“怕”而为又作何解？说穿了，不过就是怀着一种“侥幸”心理。比如，那些过马路闯红灯的人、酒醉开车的人，并不是闯一次红灯就被车撞死，不是醉驾一次就出交通事故，但“出事”是早晚的事，就如老百姓口头的那句话：“不是不报，时候未到。”什么时候到？那可说不准，也许“一次”就到了，也许“十次”还没到，但不管“它”什么时候“到”，“它”——就在那里。

“它”是“果”。

如果我们不去触碰那个“果”，那么，就不存在那个“因”；没有“因”何来“果”？

“不摸锅底手不黑，不拿油瓶手不腻。”——这，就是“道”。

“道”很深，几千年的厚重文化如海似渊；“道”也很浅，就在我们日常生活的小事中。

这种因与果的关系便是一种注定的关系。

这个简单的道理，咱们老祖宗几千年前在《易经》里就告诉我们了。

《易经》不是荒唐的算命，它是科学的推理。

路，本来就在那里。

“道”，本来就在那里。

所以，我们应该先“畏”因。那么，怎么做呢？老祖宗说：“以不变应万变。”

“不变”的是我们的做人原则，勇者无畏，无欲则刚。朝着真理与正义的目标，我们做一个勇往直前的勇者，摒弃熏心欲望，我们“骨头”里的“钙质”会更多。

不论“沧海”如何变幻作“桑田”，把我们的“心”都安放在“原则”那里，如如不动。这便是“不易”。

神奇的山水，优秀的民族，天人合一。

第四篇　仙草红兰

蓝祥采仙草酿琼浆长寿养生类彭祖

▲ 刘三姐故居　冯建国　摄

宜州有仙。

“歌仙”刘三姐，“酒仙”红兰姑娘。宜州的这二仙，是民间百姓心目中“歌”与“酒”的神奇化身，是民间赋予她们的称谓。宜州还有一位长寿的“陆地神仙”蓝祥，嘉庆皇帝为蓝祥赐有贺诗“星弧昭瑞应交南，陆地神仙纪姓蓝”。“陆地神仙”的称号，就是天子封赐蓝祥的。

生活在这里的人们性情豪爽，以酒迎客，以歌会友。

酒无忧，歌无愁，长寿神仙乐宜州。

第一节　宜州歌仙：以歌解忧的歌仙故乡

宜州是歌仙刘三姐的故乡。

刘三姐的传说美丽动人。

刘三姐是壮族民间传说人物，其传说最早见于南宋王象之《舆地纪胜》卷九十八《三妹山》。明清以来，有关她的传说与歌谣、文献记载很多。壮族民间口耳相传的故事与歌谣更为丰富。

据《宜山县志》记载："刘三姐，相传唐时下枧村壮女，生性爱唱歌……今其落崖高数百尺，上有木扁担斜插崖外，木匣悬于崖外，人不能到，亦数百年不朽。"据有关资料记载，相传刘三姐为壮族农家女，生于唐朝，从小聪慧过人，能歌善唱，被视为"神女"。十二岁能指物索歌，出口成章，妙语连珠，以歌代言，开口立就，自编自唱，歌如泉涌，优美动人，后曾到附近各地传歌。慕名前来与她对歌的人络绎不绝，但短则一日，长则三五天，个个罄腹结舌，无歌相对，无言以答，羞赧而退。然而她的才华却遭到流氓恶霸的嫉恨。传说她成仙骑鲤鱼上了天，也有的说她在山上与白鹤少年对歌七日化而为仙石。还有的说财主莫怀仁欲娶她为妾，三姐坚决反抗，莫怀仁买通官府迫害三姐，小龙潭村及附近的乡亲闻讯，手执锄头棍棒纷纷赶来，为救三姐而与官兵搏斗。三姐不忍心使乡亲流血和受牵连，毅然从山上跳入小龙潭中，这时一条金色的大鲤鱼从水中跃起，三姐骑着金鲤鱼飞上天宫成了歌仙，在天宫教仙女们唱歌。每年的三月三歌会，她都会从天上下到人间，化身对歌人与当地百姓对山歌，人们说，歌会上，谁是最后胜出的"擂主歌王"，谁便是刘三姐的化身。

刘三姐的山歌，这里的人们仍世代传唱着。为纪念她，人们在城北的喷泉广场塑了一尊刘三姐像，对面山上有一座三姐庙，人们一直供奉。

宜州市的流河乡下枧村有她故居的遗址，在流河乡的“刘三姐书院”还藏有有关刘三姐传说的文物及生产工具、农具、生活用品等壮族民俗文化实物。

刘三姐歌谣文化已被列入国家级非物质文化遗产名录。近年来，宜州市不断挖掘、传承和创新发展刘三姐文化，成立刘三姐文化传习中心，创建刘三姐故里AAAA景区，不断开展山歌比赛活动，宜州山歌学会还开展“山歌传承进校园”活动。宜州成为中国优秀旅游城市和中国最具有民俗特色旅游目的地。据悉，从2010年起，宜州每年举办广西宜州刘三姐文化旅游节，荣获“中国最具民族特色节庆品牌”。

“多谢了，多谢四方众乡亲，我今没有好茶饭，只有山歌敬亲人，敬亲人……”晨雾朦胧，清清龙江水柔柔泛碧波，两岸青山翠竹田田莲莲。一位农家少女亮起甜甜歌喉撑着竹排，惊醒深山画眉、山雀，唤醒两岸壮哥壮妹，大家手拉手、肩并肩，一起唱着山歌上山打柴、下河捕鱼，唱着山歌智斗恶霸、战胜风雨，用山歌歌唱勤劳、团结、善良与勇敢的壮乡情怀。

山歌，宜州人一唱就是上千年……

宜州是壮族之乡，它是壮族称谓的发源地。

宜州是山歌的故乡——

一把芝麻丢上天，
壮乡山歌万万千。
如今广西成歌海，
都是三姐亲口传。

一代又一代、一辈又一辈，刘三姐的后人在这片土地上生息繁衍着。

宜州素以“善歌”著称，壮乡素有“歌海”盛誉。人们喜欢用山歌来表

▲ 壮乡宜州歌仙桥　冯建国　摄

▲ 宜州流河三姐家，以歌养命传佳话，音乐喷泉歌潮涌，好比春日开鲜花。

现生活，抒发自己的思想感情。

壮族山歌历史悠久，壮民从盘古开天地一直唱到如今，几乎人人能歌善唱，“以歌代言”。

当地人是一个“以歌养命”的民族，他们“从生到死不离歌”。

当一个新生命诞生的时候，人们以歌祝福，可以说，出生于这方水土的人，是在歌声中受到迎接的生命。

当孩子满月的时候，亲朋乡邻又会把山歌作为最重要的礼物，在孩子的哭声中、在孩子笑声中唱山歌、喝满月酒。

当人们为孩子起名字的时候，当孩子背起书包的时候，就是成年了、结婚嫁娶，乃至走完了一生，人们哭灵，这些岁月都在山歌里。

爱唱歌的民族是智慧的民族。

爱唱歌的民族是快乐的民族。

山歌是一种即兴式的表达方式，它要求指物索歌，开口立就，自编自唱。这就要求思维反应一定要敏捷才行。

据宜州籍的广西山歌王潘红梅、黄月香、黄月霜介绍，广西壮乡山歌开唱时，必须遵守约定俗成的礼仪规范，不能瞎唱乱唱。特别是时政歌、仪式歌和情歌，在什么场合唱是有传统规矩的。例如情歌，在野歌圩里可以尽情地唱，而在家里、在父母面前不能唱。风俗歌中，祭祀唱什么，婚嫁唱什么，丧礼唱什么，皆不能颠倒乱唱。连迎接不同的客人同样有不同的迎客歌。

从壮族著名历史学家黄现璠所撰《谈僮歌》一文和所著《壮族通史》（合著）以及《壮族民间歌谣集》等论著中可知：壮族古代民间歌谣包括诉苦歌（长工苦歌、媳妇苦歌、单身苦歌、叹苦歌、怨命歌等）、情歌（散歌、套歌、探问歌、赞美歌、讨欢歌、示爱歌、定情歌、交友歌、发誓歌、分别歌等）、风俗歌（庆贺歌、祝祷歌、仪式歌、敬酒歌、迎宾歌、送客歌、摇篮曲、哭丧歌、哭嫁歌等）、生产劳动歌（农事歌、农闲歌、时令歌、节气歌、喜雨歌、苦旱歌等）、盘歌（又称问答歌、碰头歌、猜谜歌、斗智歌，以对唱形式表现）、历史歌、时政歌、童谣、革命歌曲等。

壮族人人爱唱歌，凡有壮族人聚居的地方就有山歌，田间地头、劳作之余以及红白喜事上，总能听到悠扬的山歌，各种大小节日更是少不了山歌助兴。

山歌多以对唱为主。不仅平时唱、家里唱，而且还有定期举行的唱山歌会，称为“歌圩”或“歌节”。歌圩的日期主要在农历三月初三，在春节、四月八、中元节、中秋节以及婚嫁、满月、新房落成等喜庆吉日形成歌圩似乎习以为常，甚至在赶集的路上偶尔会形成临时的歌圩，主要吟唱传授生产、生活知识和技能的生产歌、季节歌、盘歌和历史歌等。

近几年，宜州市党委、政府以建设“文化强市”为目标，以推动文化大发展大繁荣为核心，大力弘扬我市民间优秀传统文化，坚持把山歌作为人文建设的一项重要工作来抓，通过成立山歌文艺队、培养山歌继承人、挖掘整理传统山歌资源、开展群众山歌文化活动等系列工作，使山歌以其独特的艺术魅力继续绽放着夺目的光彩。宜州市对山歌传承发展极为重视，将壮族山歌这一宜州人民喜闻乐见的民间传统文化，作为承载民族精神与情感的重要载体，鼓励宜州市山歌学会将山歌带进校园，与学生德育教育融合在一起，歌唱幸福美好，歌颂家乡祖国，融合艺术、音乐、诗歌、文学等多种内容，运用山歌即兴创编、集体加工、口头传授、世代相传的特点，将山歌作为我市的文化元素和重要的文化品牌，用山歌传播文明，传承历史。学生的家长们说，山歌进校园，是宜州市贯彻落实党的十八大精神，实施广西“千村万户文艺惠民工程”的新的举措。山歌这一传统文化口口相传，为了让这一文化奇葩普及传唱，培养山歌继承人，传承和发展这一文化遗产，宜州以山歌进校园的活动形式，将地方优秀民族文化植入了校园生活，让学生在感受刘三姐家乡山歌的独特魅力，亲身体验熟悉本地的传统文化，激发和增强热爱家乡和保护民族文化的民族情感的同时，培养青少年山歌新苗，让民族宝贵的山歌文化后继有人。让山歌文化踏入校园，也将活跃校园地方文化氛围，丰富校园文化生活，推动文艺专业的相关学科建设和教学改革，构建学校办学特色，更好地服务地方经济文化的发展。学校全体师生在浓厚的山歌氛围中，传承和弘扬民族文化传统，唱地方民族山歌，跳地方民族舞，打造具有自己地方民族特色文化品牌，将具有深厚少数民族文化底蕴和独特民族风情的良好形象向外作深入广泛的推介。

宜州人爱唱山歌，每年的“迎新春山歌”大赛活动也好，三月三歌圩也罢，总是人山人海，场面壮阔。

比赛种类一般分为汉歌、壮歌、百姓歌。

每年，广西区内外的歌手积极到宜州参赛，河池十数个市县，每个地方都会有歌队赶来，此外，还总少不了湖南、云南、贵州等外省的歌手。而宜州城乡参加的歌队都不会少于百队，观看的人们则成千上万。

比赛一般从上午十点来钟开始，一直持续到夜晚灯光闪烁。无论是参赛选手还是歌王评委们，一整天都不休不歇，往往连中午饭也顾不上吃，观众们也一直“坚守阵地”，生怕离场去吃饭的工夫，好位子被别人占去了。

山歌，就是他们的“粮食”！

人们以歌会友，以歌传情，依歌择配，赛歌赏歌。

据悉，每到歌圩日、赛歌会，人们便盛装艳服，三五成群地来到歌圩场、比赛场，通过歌唱显示才能。对唱的程序是非常复杂而严格的。以对情歌为例，一般来说，男女对唱从初交到确定恋爱关系，要经过下列对唱阶段：引歌、初会歌、大话歌、初问歌、盘歌、赞美歌、追求歌、初恋歌、结交歌、定情歌、赠礼歌、嘱别歌等。各个环节相对独立，又环环相扣，紧密相连。每个环节的歌都很长，很丰富，好的歌手可以唱几天几夜。

因此，壮乡宜州，素有“歌海”的美誉。

这些唱山歌的人，大多就是平时田间地头的山野农人，是城乡的一般百姓，但他们的山歌内容却显示出极高的文化水平造诣。因为山歌内容讲究比兴，形式讲究押韵。山歌还要求人们在表达自己思想感情时要比较委婉、含蓄，要用比兴的手法。

所有唱山歌的人都是才思敏捷的诗人！

所有唱山歌的人都充满了智慧与勤劳！

这是一个勤于思考的民族，是一群喜欢开动脑筋的快乐人们！

对生命充满喜悦并以歌养命的民族，注定是一个长寿的民族……

第二节　宜州酒仙：红兰姑娘的传说

宜州有神仙。

歌仙刘三姐。

酒仙红兰姑娘。

传说，唐朝的时候，在广西宜州下枧河，歌仙刘三姐爱上了阿牛哥，她与小姑红兰姑娘感情很好。当刘三姐被村民从财主家救走后，恶毒的财主又抢了刘三姐的小姑子红兰姑娘。

美丽的农家少女、阿牛的妹妹、刘三姐的小姑子被财主抢去。财主为了给刘三姐施压，就逼迫红兰姑娘做妾，红兰姑娘坚决不从，被狠心的财主关进牛栏。财主为了消磨掉她的意志，每天只给她吃一些臭馊了的剩饭。一个月后，财主还以为红兰姑娘一定饿成了丑八怪，说不定饿死了呢。谁知道红兰姑娘不但没面黄肌瘦饿死掉，反而面如桃花，精神得不得了呢。原来，她发现墙上的一株草有特殊的香味，摘了，以石捣碎，与剩饭拌合在一起，一天一夜地发酵，就成了香甜可口、殷红色的酒，酒红得就像血一样鲜艳。她渴了就喝这红红的酒，饿了就吃酒酿，不但没被饿死，反而变得红红白白，面如桃花，美丽无比……

后来，刘三姐和阿牛哥带着村民把红兰姑娘救了出来。为了报答刘三姐和村民们，红兰姑娘就酿这种红红的酒给大家喝，还教大家酿酒的方法。人们都不知道这颗神奇小草的名字，问红兰姑，她也不认识。因为这株仙草是红兰姑娘发现并用来酿酒的，人们就管它叫红兰仙草。

红兰仙草在当地是被当做草药来用的，谁家小孩、老人发热生病，就用红兰仙草煮水喝，喝一次就好了。夏天，人们也时常煮红兰水喝了解暑。当把红兰仙草捣进米里熬酒，酒就会变得香甜无比。

老人们喝了身体健康，干起活来，就和小伙子一样。

小孩子喝了不生病，飞快成长，还变得非常聪明。

姑娘们喝了，变得漂亮。

小伙子喝了，变得强壮。

人们都说，红兰酒是神仙酒。

红兰姑娘每次酿了新酒，就会找刘三姐对歌喝酒。

每次，红兰姑娘总是唱不过刘三姐。

每次，刘三姐总是喝不过红兰姑娘。

每次，她们对歌一对就是三天三夜，渴了、饿了，她们就喝红兰酒，吃红兰酒酿。姑嫂俩都变得越来越能唱，越来越能喝，越来越漂亮。

传说，红兰姑娘每次能喝十坛酒都不醉。

后来，刘三姐骑鱼成仙上天后，红兰姑娘一直很想念嫂嫂。在一年八月十五的月圆之夜，她酿了新的红兰酒祭拜天上的刘三姐。她对月邀嫂，一杯又一杯……突然，她变得越来越轻盈，慢慢地飘了起来，一直飘到了天上，也变成仙女飞到仙宫找刘三姐去了……

当地的村民就发现红兰仙草有补血、养颜的作用，便在酿酒时加入，酿出的酒不但好喝，还有保健功效。大家说，红兰酒是仙酒，是长寿酒。

传说，红兰姑娘到了天上，吴刚与她交流酿酒经验。后来，红兰姑娘还嫁给了吴刚。

在《郑风·女曰鸡鸣》里有一首表现郑国家庭生活幸福婚姻的几句诗：“女曰鸡鸣，士曰昧旦。子兴视夜，明星有烂。将翱将翔，弋凫与雁。弋言加之，与子宜之。宜言饮酒，与子偕老。琴瑟在御，莫不静好。”

这讲的是新婚燕尔的小夫妻相亲相爱的故事。妻子想叫丈夫起床，说：“鸡叫了，亲爱的该起床了。”贪睡的男人却懒懒地打个哈欠说：“宝贝，让人家再睡一会儿嘛，天还没亮呢，不信你推窗看看窗外，启明星还在闪光

▲ 宜州处处神仙居，山也秀来水也奇，小村古文农家乐，康寿人间好天地。

哩。”妻子又说：“鸟已经飞满天了，你快起来打猎去吧，射下野鸭和大雁，我给你做红烧的、清蒸的、黄焖的，这些下酒菜你不流口水呀？人家可以陪你一边喝酒一边聊天，你为我弹琴，我为你歌唱，我们一直喝到月升太阳落，喝到地老与天荒。”“饮酒”在周人这里是幸福生活的标志，想来，这对小夫妻一定是经常沽酒言欢的。你可以想象，一个居家女子，平日里也许不解风情，但小酌之后，两腮绯红，眸子春波荡漾，秋水流转，凭空的，就生出娇羞妩媚，风情万种。她也就将自己酿成一杯酒，让男人一饮再饮。一口见底是豪爽，取浅细斟为悠长。男人在酒的憧憬中再一次将女人揽入怀中，女人将自己酿成一杯美酒的同时也将男人酿成一杯热热的酒，他们在酒的世界里酿造美妙而沉醉的天堂。

无论古人还是今人，谁能拒绝这种美妙的液体呢？

世界上最神奇的饮料，就是酒。

而刘三姐故里最美妙的长寿酒，就是红兰酒。

红兰姑娘曾说，红兰酒在制造的过程中，最美妙之处就是它的发酵，你看，一粒那么敦厚沉稳的粮食，一经发酵，马上活跃起来，变成透明的液体之后，红兰草红红的汁液比火还热情、比血还浓稠，它能让所有的生命燃烧起来。

在甲骨文和金文里已经有了“酒”字，酒的历史要追溯到文字产生之前的更加遥远的年代。《战国策·魏二》曾记载有舜帝女令仪狄作酒进献的故事：“昔者帝女令仪狄作酒而美，进之禹，禹饮而甘之。”

关于酒的传说是这样的。酒的发明人是仪狄。舜在位时，天下大治，粮食堆放在仓库里多得吃不完，有一天，舜在梦里品尝到一种用粮食制成的神奇的玉液琼浆，梦醒后就对女儿仪狄和儿子杜康说，去用粮食造那种饮品吧，让更多的族人都能喝到那种梦里才喝得到的玉液琼浆。仪狄和杜康并不知道怎么造，仪狄不禁担忧地哭起来，泪水变成了河水，浸泡着粮食，过了几天，粮食开始发酵，变成了液体，杜康尝了尝，感觉这味道跟舜帝说的琼浆很像，于是，就高兴地跑去献给舜。舜虽然也感觉这味道不错，但跟梦中所饮还是有一些不同，主要是有一些苦涩之味。于是，仪狄就向上天祈祷，天神就告诉她，光有女人泪水不够，还要有男人的热血。于是，她回到族里向男人们说明了情况。这时，族里第一位站出来的是一位深明大义且充满智慧的读书人，他镇定地割破手指，说："十指连心，我献上心尖上最灵光的一滴血。"第二个人是族里的一位勇士，有些鲁莽，还没等仪狄把话说完，他挥起一把斧子，说："为了舜帝酿制琼浆大业，我献上一条手臂！"话音落手臂落，顿时血如泉涌，惊慌失措的仪狄连连顿足道："英雄鲁莽，吾仅需一滴足矣。"谁料，第三个男人比第二个还鲁莽且懵懂，见前两位都献出了鲜血，就直接把自己心脏掏了出来，仪狄惊骇且无奈。仪狄加了这些血后，果然造出了那种琼浆，她叫杜康拿给舜帝喝，舜帝觉得很好喝，就问这琼浆叫什么名字，杜康想了想就说是仪狄在酉时前取了族里三个男人的三滴血酿成的，就叫酒吧。

于是，这里的人们说，酒是神发明的，红兰草是人发现的，红兰酒是仙酿成的。

第三节　歌酒蓝祥：酒无忧，歌无愁，长寿神仙乐宜州

宜州有三仙。

“歌仙”刘三姐，“酒仙”红兰姑娘。

宜州的这二仙，是民间百姓心目中“歌”与“酒”的神奇化身，是民间赋予她们的称谓。

宜州还有一位长寿的“陆地神仙”蓝祥，他的“神仙”称谓是皇帝所封。

嘉庆皇帝为蓝祥作有贺寿诗：“星弧昭瑞应交南，陆地神仙纪姓蓝”，“陆地神仙”的称号，就是天子封赐给蓝祥的。

在我国古代，皇帝所言均为“金口玉言”，一言既出便是“圣旨”。所以，皇帝所讲的话是不会随意而出的，而说出来的话便是不容更改的。

一句“陆地神仙”，四字便势若雷霆，威不可挡。

此语一出定乾坤！

蓝祥的“陆地神仙”即是皇帝封赐，在百姓心中是“长寿神仙”，是宜州人的光荣与骄傲。

在宜州博物馆，我们仔细阅读那些关于寿仙蓝祥的故事。

在嘉庆皇帝为蓝祥所作的贺寿诗中，从“烟霞养性同彭祖，道德传心问老聃”看得出寿仙蓝祥也和传说中的彭祖一样注重养生之道，而他的品性之高也是与老子《道德经》提倡的淡泊寡欲相辉映的。

关于彭祖的神话，据《山海经》载，彭祖在森林里捉到了一只五彩的

野鸡，野鸡十分艳丽，他和他国家里所有的人都没见过这么美丽的野鸡。他想，这么漂亮的野鸡，味道也一定是美味极了。他本身就是一位烹饪高手，于是熬出了一锅十分美味的鸡汤，可是他自己不舍得尝一口，将鸡汤和他自己酿制的长寿酒一起献给了天帝。天帝喝着美味野鸡汤，饮着长寿美酒，十分高兴，于是，天帝对彭祖说："你去数一数那只野鸡毛，它有多少根毛，我就准许你活多少岁。"彭祖高兴而认真地数鸡毛，足足八百根，他如实上报天帝，天帝准许彭祖可以活到八百岁。

据载，彭祖到了767岁高龄的时候，已经是殷朝末年了。但是，他脸色红润，头发乌黑，一点也不显老。反倒是他这些年娶的49个妻子和生下的54个儿子很多已经去世了。阴间的冥王看到了彭祖的儿孙，却唯独没看到彭祖，就向天帝询问，天帝笑着说："因为彭祖数的鸡毛是八百根，所以他的寿元是八百岁。"

彭祖临死的时候，他还在懊恼着八百年前洗野鸡时，掉在河里的鸡毛呢。当时有一个砍柴的樵夫问他为什么不多报几根鸡毛，彭祖说"生死事小，品行为大"。

有一种说法，彭祖确有其人，历史上也有文字记载，彭祖名篯铿，黄帝八世孙，颛顼帝六世孙，仕于尧帝，为十大信臣之一，于公元前23世纪中叶被尧帝分封建大彭氏国。大彭国为夏、商两朝东方大国。彭祖长寿八百的传说，表现了人民向往的长寿之梦。

彭祖是华夏历史上传说中的第一位大寿星，他的长寿养生注重烹饪术、导引术、房中术，这是最原始而朴素的长寿养生文化，也是人类生命科学窗户上透出的光彩。

他是我国历史上第一位养生长寿专家，还留下了养生著作《彭祖经》。

虽无从考证蓝祥有多少个妻子，但他的曾孙、玄孙们有百余人，十里八乡都有他的曾孙、外孙。

有史为证。

清《养生斋余录》载："其长子已在50年前去世，次子蓝禄113岁还在世，三子蓝寿109岁在村里务农，其曾孙外孙辈达百余人，散居县内几个乡镇。"

神话传说中的彭祖长寿八百岁，彭祖养生长寿之道，包括德行、烹调、导引、调气、服饵、环境协调、男女相成等。彭祖的养生故事引人入胜，彭祖的剖肋而生、流浪西域、斟雉献尧、寿星醉酒、四十九妻、传道伊尹、彭城掘井、远征西河、东方平乱、对抗商王等传说中，有关养生的占了绝大部分。

传说中有关彭祖神话故事的内容，归结于人们的一种理想与向往，是人们对长寿养生的一种归纳与总结。但用之证明现实之中的人与事，宜州长寿老人蓝祥是一个很明显的例子。

关于彭祖"寿星醉酒"的传说，传说彭祖在朝时，常被纣王叫来饮酒，所饮的酒是彭祖亲自用草药泡制的长寿酒，荒淫无度的纣王为了长寿不老，以为喝得越多越长寿，每次都是酩酊大醉，而彭祖则饮酒适量即止。

一天，纣王为彭祖贺寿，纣王不但自己喝了无数的长寿酒，还命令彭祖陪他一起喝，并且命人挖了一个大池子，将彭祖的长寿酒统统倒进去，他命令彭祖与他一起泡进池子里喝。彭祖以往也规劝过纣王，长寿酒虽好，但不能过量，他说适量饮酒能舒筋活血，调节情趣，但过量了就会伤身。

他的养生著作《彭祖经》载："酒能陶情狄性，三杯五盏能助兴，常饮有益健康。"

可是，自以为是的昏君纣王哪里肯听肯信，还以为彭祖不舍得给他喝耽误他长寿呢，于是，非命令彭祖同他一起泡进酒池里喝长寿酒，彭祖为了逃此酒劫，只好在寿宴上装醉。

后来，彭祖归隐山林后，每天过着简单而快乐的日子，常在深山采集中草药，取山泉水，配制长寿药酒。每日小酒喝上三两杯，心情就会特别好。虽逾百岁，仍鹤发童颜。

“何以解忧，唯有杜康。”

酒是一种能令人愉悦的神奇之物。

宜州长寿老人蓝祥，他的养生长寿之道，正如皇帝所言，“烟霞养性同彭祖”。

在宜州石别、福龙一带，我们向村里几位百岁老者询问关于“陆地神仙”蓝祥的故事。一位韦氏老奶奶说，蓝祥的食量很大，他喝玉米粥是常人的三五倍，饮酒能饮八九斤不醉。但他却轻易不多饮，除了官府请他赴宴那次，在长席宴会上，全乡几百人每人敬他的酒他都喝了，加上与官府官员喝的，差不多一千杯呢，全乡人醉了，他却没醉。但平时，他每餐只喝一杯，一日三餐，每餐一杯。他说喝酒就开心啊，开心就想去唱山歌。唱了山歌更开心，开心了回来吃饭就又想喝上一小杯酒啰。

据《宜山县志》记载，已是142岁的人瑞蓝祥“耳目无医障，饮啖过人”。他牙利胃口好，吃得又多又快，“饮食无烦鲠视”。

《宜山县志》记载他的“饮啖过人”，正如当地村民所口口相传他的食量大，是常人三五倍，喝酒可千杯不醉。

百岁蓝祥和百岁曾孙、玄孙们一起同耕同食，几个精神矍铄的小老头仿佛几位仙翁，每天乐悠悠。宜州的土地肥沃，一年四季在深山耕种，山下田地种谷种稻，山坡地就种玉米、红薯、黄豆。吃不完，就会想办法变出花样来做美食。生活在石别加峒的寿星蓝祥和他的曾孙、玄孙们都是勤劳的人。他们的稻子、玉米丰收了，留出口粮，剩出来太多了的就熬酒。

当地的红兰草随处可见，田间、地头、水边。用红兰草熬的米酒是当地人最喜欢喝的，大家都说蓝祥家酿的最好喝。这里面有个小秘密。每次酿酒之前，蓝祥所采摘的红兰草不是山上随便哪里看见采哪里的，而是有一定讲究的。他采的红兰，都是采山上向阳那一面的。

春采芽与颈，夏采叶与花，秋天采向阳，冬天可用根。

所以，蓝祥说，采的时候一定要感恩天地、感恩大山，要心情愉快，边唱歌边采，那些红兰也会开心。他乐呵呵地说，谁家的酒就会有谁家的味道。所以，酿酒的时候一定要心情好，酒是有灵性的。谷丰收，酒出炉，召朋呼友来尝酒。每逢街圩，蓝祥在家里吃完早饭，就去赶街。到了街上，他卖完亲自砍来的高山柴，就会买十斤豆腐园、十斤龙棒，与人边对山歌边吃。每次都招呼大家一起吃，但乡邻担心他吃不饱，往往还会把自己买的艾馍、油炸馍送给他一起分享。这时，蓝祥就会说："好吃的东西要大家一起吃才甜。"

这就是宜州人，他们的好客是世上其他民族少有的。这让这个民族的人特别宽容、随和。这就是一个特别和群的民族。他们一直保持着远古时代"共产主义"的一种极朴素的元素。相信这种元素里一定含有长寿因子！

蓝祥的长寿因素里，养生元素是正能量，与彭祖注重烹饪术、导引术、房中术一样，他在饮食、劳作、娱乐上也有自己独到的特点，并且都是以快乐为出发点与落脚点的，他为我们打开了一扇最原始而朴素的长寿养生文化的生命科学之窗户。

《钦定大清会典事例》记载，蓝祥"饮和食德"。他在饮食方面的搭配是非常合理的，且荤且素。他吃得多，喝得多，干活也多，活动量大。生在宜州这鱼米之乡，可以保障他"饮啖过人"的需求。所以，吃饱喝足，饮食无忧的蓝祥每天的生活都很开心愉快。

宜州是一个山歌的海洋，人人爱唱山歌。"唱起山歌无忧愁"。

蓝祥吃得饱，开开心心。

蓝祥喝得足，开开心心。

蓝祥唱山歌，开开心心。

广西巡抚钱楷奏报中说蓝祥“该寿民秉性淳良，持躬朴素”，嘉庆皇帝的御笔诗赞蓝祥“道德传心问老聃”，从中我们可以看到的是一个态度谦和、礼让乡邻、与世无争的仁善老人。如果不是他人品好，在乡邻族里威望高，估计没人敢也没人愿冒险去按手印做担保的。

第四节　仁者长寿：采仙草酿琼浆分享百姓乡邻

本性善良的宜州人最大的特点就是乐于分享、热心助人、热情好客。

蓝祥就是他们当中的一个。据《大清实录》记载，嘉庆十五年（1810年）农历十一月初十，广西巡抚钱楷给嘉庆皇帝上奏折里说，“据宜山县知县周冕禀报：该县永定土司境内寿民蓝祥，生于康熙八年（1669年）正月，届今嘉庆十五年142岁”。描述蓝祥是一个“秉性淳良，持躬朴素，精神矍铄，言动安闲”的人。宜山县知县周冕禀报广西巡抚钱楷，说蓝祥为人“善称乡里，久孚月旦公评”，所以乡邻愿意为他“并经族邻证明，出具甘结”。清嘉庆内阁中书梁绍壬在《两般秋雨盦随笔》记载的蓝祥是与人为善的人，“乡人耕凿自安，不谙朝典”。由此可见，仁者长寿，善者长寿，乐者长寿，勤者长寿。

“分享虽然会让东西越来越少，却会令快乐越来越多。”这是民间的一句俗语。当地的老人说，蓝祥平时就是一个喜欢接济乡邻的人。

蓝祥酿的红兰酒远近闻名。在142岁那年，虽然他身体还很硬朗，可是曾孙和玄孙担心他太过劳累，就不许他亲自熬酒，让他在一旁指导即可。而每次撒酒饼，他一定坚持自己放。因为乡邻都说，蓝祥亲自调酒饼酿出来的酒才甜。蓝祥说，大家爱喝就是看得起我，不能糊弄大家。

有一年冬天，刚进腊月的时候，蓝祥老人准备亲手做一百斤红兰酒分给乡邻过年。乡邻听说之后都非常开心，都说要一坛回去过节供样，沾沾老寿星的福气，大家早早就来到老人家门口。这是一群善良纯朴的乡邻。有的年青后生担来了一担柴，有的人捉来一只鸡，有的人提来两条红鲤鱼，还有的人拿来几挂腊肉……

蓝祥老人见到这么多乡邻都来了，非常开心，叫曾孙和玄孙接过这些东西马上杀鸡宰鱼烧火多煮几锅饭，他要留大家一起吃饭。大家伙儿也非常高兴地一起忙活起来。最后一锅红兰酒装满最后一个坛子的时候，土司老爷的家丁来了，他说要买下蓝祥老人酿的所有红兰酒。蓝祥老人不同意卖，他说这是他已经答应送给乡邻的，怎么能为了几个钱就没了信誉？

"不卖，我可不能让乡亲们白来白跑。"蓝祥老人一个劲地摇头说。

"我们家老爷说了，可以多给你钱。"家丁说。

"这些酒给多少钱也不卖的"，蓝祥老人态度坚定，却乐呵呵地说，"你看我眉毛胡子都白了，年纪一大把，我和乡邻说过的话总要算数吧？"

那位土司老爷家的家丁说，这一百斤酒给一头牛的高价。

"天啊，这么多钱啊？一头牛的钱都可以买好几百斤酒了呀！"人们劝蓝祥老人把红兰酒卖给土司算了。

"我们以后再喝也得的呀，不一定非要过春节才喝您老的红兰嘛。"

"就是嘛，哪一次不是您酿好红兰酒，只要我赶上了，您总是让我喝够了再拿回去一坛，这次就不用了。"

"是啊，您赶街也不忘带一壶和我们一起吃米粉喝红兰酒。"乡邻七嘴八舌让他把红兰酒卖给土司家丁。"给我一座金山也不卖！"无论大家怎么劝说，最后，蓝祥还是不同意卖红兰酒给土司家丁。

这时，家丁垂头丧气地说："完了，这回看来我回去要挨骂了，说不定会挨扣工钱呢。"

"后生仔，莫这样子晦气发愁。"蓝祥对他说："会酿红兰酒的又不是我一个人，咱们镇子上不是有好几家吗？你买他们别家的不得吗？"

"不得，当然不得了。"家丁边摇头边讲："他们图方便，随便沟边田梗的红兰草也采。哪比得你老高山向阳采得的红兰草酿得的酒好啊？他们的红兰酒不比你的好喝！”

蓝祥不置可否地笑笑：“也差不多的啦，呵呵。都一样喝，都一样喝。”

“哪里差不多？”一位乡邻插话：“高山向阳的红兰草才多香嘛！”

“对呀，对呀，蓝老爹的红兰酒可以治咳嗽。”

“是啊，是啊，喝蓝老爹的红兰酒可以像他一样长寿！”

这时，那位家丁不由分说，一下子给蓝祥跪下，哭着说：“蓝老爹你救救我吧，就是因为都说你的红兰酒是长寿酒，我家老爷要给他老爹办八十大寿，命我无论花多少钱都要买得你的红兰酒……”

“噢，原来是这样啊！”蓝祥笑了，“你家老爷也是讲孝顺哦，好。”蓝祥叫曾孙从酒坛里舀出还暖暖的红艳发亮的酒，装好一壶，交到家丁手上。

他说：“后生仔，拿去。和你们老爷说，不要钱！”

他爽朗大笑：“乡亲们，都来分红兰酒啦！”

“谢谢蓝老爹好心！”乡邻开心盛酒，你一壶，我一坛，他一碗。

“谢谢大家看得起我！下次再来！”蓝祥一脸幸福与满足……

第五节　长寿逸趣：宜山永定土司众寿星的饮食各具特色

宜州是个长寿地，寿星蓝祥数第一；宜州寿仙多比米，光耀史册留传奇。

这首山歌，唱的就是宜州拥有众多寿星的事实。清代永定土司境内先后出现了众多寿星。

《养生斋余录》里对蓝祥的记载，“其长子已在50年前去世，次子蓝禄113岁还在世，三子蓝寿109岁在村里务农，其曾孙外孙辈达百余人，散居县内几个乡镇。”

据民国七年（1918年）编撰的《宜山县志》载：“韦重光，宜山永定司莫往里人。生于清嘉庆八年，计至民国七年已一百二十岁，现尚存子孙四代同堂。何永开，永定司莫往里人。生于清道光二年，计至民国七年已一百零一岁，现尚存。莫景春，宜山永定司梅峒人。生于清道光五年，计至民国七年已九十九岁，现尚存。”

这些寿星中，第一位，当然是146岁的蓝祥；第二位，是蓝祥的次子蓝禄，133岁；第三位，是120岁的韦重光；第四位，是蓝祥的三子蓝寿，103岁；第五位，是101岁的何永开；第六位，是“现尚存”的99岁莫景春。此外，这期间被载入史册的还有三位寿星。而没载入史册的民间遗珠，也还有多人，只是年代久远或其他历史原因，收录不详吧。

这些长寿老人，有两个最大的特征，一个“乐”字，一个“勤”字。

▲ 美丽广西东风吹，清洁乡村战鼓擂，生态文明示范村，人寿年丰惹人醉。

他们勤劳善良，心态非常好，不把忧愁事放在心上。他们的饮食也有共同特色，各具特点，充满了情趣。每人都有自己的长寿故事，寿星们在各自的“长寿田地”栽种的“物种”也各具特色。

“吃什么可以更长寿？”“陆地神仙”蓝祥“饮啖过人”。蓝祥的食量很大，但他不是那种吃完不动长一身赘肉的人。据清道光《庆远府志》记载，蓝祥“貌似猿兮面冻黎，头不童兮发转黑，目光炯炯双瞳方，大耳垂肩如珠缀，十指藤瘦掌龟绞。”虽然他吃得多，但史料描述他的外貌，身体轻盈矍铄，绝不臃肿，不像现代人那种贪吃之后得高血压、高血脂之类的富贵病，他的身体非常健康。

据当地百岁老人祖辈口口相传，蓝祥每餐饮食是常人的三到五倍，以当地玉米、红薯为主食，喝玉米粥每次要喝十大碗，且以当地山中神草红兰熬酒，每餐均饮一杯红兰酒。他还喜欢吃鱼，喜欢用黄豆焖烧小鱼。手指长的小鱼与黄豆一起焖熟，连鱼连豆一起酌送红兰酒。他很节省，不舍得浪费一丝一毫食物，加上他牙口好，每次吃黄豆焖烧小鱼时，都是整条小鱼连着黄豆一起嚼咽。每次蓝祥打上来几两半斤以上的鱼，就拿到集市上去卖，而手指头一般大小的鱼，就留着自家下水酒送饭。

蓝祥是一个闲不住的人，平日里干一般的农事劳作。除了农忙时节，他喜欢上山采红兰草酿酒。他说喝红兰酒是最开心的事，喝完红兰酒再去唱山歌就思路好好，山歌一唱一大箩，唱到月升日头落。

宜州河流众多，河水清澈见底，野鱼种类很多。当地盛产芝麻剑、油鱼、黄蜂鱼、鲶拐鱼、兰刀鱼、禾花鱼等，还有一些叫不上名字的小野鱼。这些野鱼体内脂肪少，肉质比较有纫性，比较耐咀嚼。当地人一般与蓝祥一样，巴掌大小的鱼就拿去卖，手指头大小的鱼就留下自家吃。因为那些鱼太小，所以人们也不再清理鱼鳞与内脏。将黄豆炒酥，放入小鱼一起焖，吃起来会有一点点苦尾，那是小鱼内脏苦的缘故。但苦味过之后，口内会满腔生津，丝丝干甜。

中医有句老话，叫做“留得一分津液，便有一分生机。”“口水”是宝贵的，它能促消化，还增加免疫力，有神奇的养生功效。当地那些八九十岁乃至百岁的老人说，这种“苦”和着口水可做药的。治什么病呢？百病。因为这样吃就不生病！当地人言之凿凿。

噢，原来，“口水”就是“长寿药”啊！现今的科学研究发现，小鱼的鱼鳞与内脏营养价值比鱼肉高。而当地古代百姓的饮食习惯，恰巧与当今科学饮食概念吻合。蓝祥113岁的次子蓝禄与103岁的三子蓝寿喜欢吃红豆腐（龙棒）。这两位寿星说：“龙棒送红兰酒，天下第一美味。”

龙棒又叫红豆腐，是当地人喜欢的一种食品，“龙棒”是壮语的译音，它是一种用猪、牛、羊的血调和米浆拌以佐料灌入猪肠、羊肠，上笼屉蒸熟之后的美食。殷红色的米血浆灌入肠子之后，每节约筷子长短之处用绳子扎紧急，蒸熟出笼时形似连接不断绛紫色的长龙，故名“龙棒”。因为口感香糯滑软，非常适合老人和孩子吃，当地人又叫它红豆腐。

猪血有解毒清肠、补血美容的功效，还可以治头风眩晕，中满腹胀烂。《别录》载：“主奔豚暴气，中风头眩，淋沥。”又《日华子本草》载：“生血，疗奔豚气。”《千金·食治》载：“主卒下血不止，美清酒和炒服之。”

百岁兄弟蓝禄与蓝寿是山野农夫，他们并不知道唐代医学家孙思邈所撰《千金食治》，不知道我国古代这部重要食疗专著里关于日常生活里所食用的果、菜、谷、肉的性、味、药理作用、服食禁忌及治疗效果等。天地玄机，往往就在一个“巧”字。蓝家长寿兄弟巧合地运用了有益于补养身体、防治疾病、简便易行的食疗方剂“龙棒红豆腐”。其实，类似这种“龙棒红豆腐”的食品，我国南北方都有，材料也就是猪血、米浆、佐料等。

可是，当地人养的猪，尤其是山里人家养的猪，大多是以野菜野草拌玉米为饲。其中，上山采摘的猪菜以红兰草为主，还有折耳根、马齿苋，还有河里的水葫芦等。猪食用这些本身就是草药的食物，血液本身也就变成了具草药作用的“药血”了。

宜山永定司莫往里的韦重光，喜欢豆腐肴。当地人普遍爱吃豆腐肴，是一道常吃的家常菜。他们说：“青菜豆腐保平安。”这里的“青菜”指的是自家菜园种的芥菜，有时也采摘山上的枸杞嫩叶，挖田间、地头、水边的车前草、雷公根、鸡肉菜、野苦麻菜等野菜。将野菜洗净剁碎，与磨碎的黄豆一起熬煮，开锅时放入少许盐即可。

韦重光说，“豆腐肴是保命菜”。

现代科学发现，豆腐主要成分是蛋白质和异黄酮。豆腐具有益气、补虚、降低血铅浓度、保护肝脏、促使机体代谢的功效，常吃豆腐有利于健康美和智力发育。老人常吃豆腐对于血管硬化、骨质疏松等症有良好的食疗作用。而野菜的营养价值更是普通蔬菜的数倍。《本草纲目》认为野菜大多具有清热利尿、凉血、解毒、消痈散结等功效。

一个“肴”字，将碎野菜与碎黄豆的结合演绎出“美味佳肴”的意境。

《广雅》：“肴，肉也。”

《说文》：“凡熟馈可啖之肉。肴，啖也。”

根据字形解释。形声。字从乂，从有。“有”为“以手持肉”形。“乂”即“右手”。“乂”与“有”联合起来表示“把肉食拿起”。

那些来宜州做客的人们，每次在餐桌上最先吃完的，就是这盆香甜可口的“豆腐肴”。

“肴”——甜就一个字！

▲ 五色饭　吴继春　摄

可是，这碎豆与碎野菜一起熬煮出来的食物，与“肉”又没沾什么边，凭什么也用一个“肴”字呢?

“因为它有肉的香味呀。”那些老人们说。

那直接吃肉好啦。

“因为它还有豆的香味呀。”老人们又这样说。

那直接吃黄豆好啦。

“分开就不好吃了，搭在一起才好吃。”当地有老人们真诚地告诉大家，“合起来的才香甜。”

野菜让碎黄豆更香，碎黄豆令野菜更甜。简单的菜与菜合理相配，就可以相辅相成，成为美味佳肴。这里面是不是蕴含着某些做人的道理呢？呵呵，他们呈现的不是家常菜，他们呈现的是人生佳肴……

101岁的何永开老人对艾馍情有独钟。

苦艾草，学名艾蒿。《本草纲目》载，艾叶味辛、苦，性温；归脾、肝、肾经；芳香温散，具有温经止血，散寒止痛，降湿杀虫的功效。茎叶可食。

《史记》卷六十一《伯夷列传》载：“周灭商后，伯夷、叔齐耻于吃周家天下的粮食，于首阳山采薇而食。”

这里的“薇”就是苦艾草。人们说，这种草是伯夷、叔齐留下来给有骨气的穷人的。当地人在清明节前后，各家通常会做些艾馍，拜山的时候，带上给小孩子们做吃食。大家尤喜欢相互赠送，品尝各家的手艺。而大家都说，百岁寿仙何永开做的最好吃，也最有灵气。每次何永开老人做好了艾馍都会分给村子里每个小孩子一个，他还会笑眯眯地说：“快长快大，孝顺公奶。”

莫景春老寿星喜欢五色糯饭。

他最喜欢的还是自己亲手弄这种吃食。据说，他家种的糯米比别家多很多，都是他带着几个孙子一起去开荒，才比别家种得多。因为他开的荒地多，种的糯米多，所以他就常常做五色糯饭。这种风味小吃，是当地百姓喜食之物。一般人家平时只做两三种颜色的糯饭，到了农历四月八，许多家就聚在一起，开始淘米做吃。五色糯饭，顾名思义，是有五种颜色的糯米饭。

这五种颜色，绝非化学颜料，而是取大自然各种植物的汁液所浸染而成的。紫色的糯米饭是以红兰草浸染而成的。采摘红兰草，捣碎，滚水煮，得到深紫色的汤液，用来泡糯米一整夜，米就变成紫红色的了。黑色糯米饭是以枫树叶捣碎浸染而成的。采摘不能太老也不能太嫩的枫树叶——太老的会苦涩，太嫩的不易着色。枫叶采回后，捣碎，取汁。它的汁是黑色的，用来浸泡糯米，泡一夜。黄色糯米饭是以山上一种当地人叫做黄饭花的植物所开的花朵浸染而成。黄饭花开的花很小，那种小花一簇簇的，就像许多小小的嫩黄色的星星，密麻麻，很热闹、很热烈的样子，远远就能闻到香味，是一种类似香瓜的甜香味。这种花采摘回来，要先阴干，然后用水煮，不一会儿就得到一锅浓稠的黄色汤汁。用这种黄色汤汁浸泡糯米，也是一夜。山上还有一种叫做红花粉的植物，它的果实像指甲大小，十来颗果实就可以染红一锅的糯米。再采摘艾叶捣碎，泡糯米一夜，糯米就是绿莹莹的了。

红、黄、绿、紫、黑，这五种颜色的米一层层分别放入蒸笼，每一层放一种颜色的米，大火蒸煮，开锅之后，小火再蒸。

蒸熟的时候，一打开锅，那叫一个喷喷香啊……

它有米香拌着香瓜和嫩枫树叶的香甜味儿，再细细地闻，还有一股青梨杂着甘蔗梢的清香，很淡的那种一丝的香甜，吃上一口热乎乎软糯糯的五色饭，就是一股子很浓的香味，那种浓郁的香味让人觉得是新米杂着的百果香……对了，应该是米饭里掺了野蜂蜜的味道，再拌着金秋田野里收割时的味道，或者可以说它就是阳光的味道……

五种香味混合在一起，真的是世上少有的美味！而这五种植物，也是五种可食用的中药材，营养丰富，强身健体。紫色红兰可提高人体免疫力，吃了紫色红兰糯饭，大人孩子不生病。枫叶有祛风止痛的作用，可以治风湿性关节痛、牙痛。《本草纲目》里这样记述：“枫树枝弱善摇，故字从风。俗呼香枫。其脂为白胶香，主治瘾疹风痒浮肿，煮水浴之，又主齿痛。一切痈疽疮疥，金疮吐衄咯血，活血生肌，止痛解毒。烧过揩牙，永无牙疾。”据当地人讲，莫景春老寿星99岁的时候，牙齿比年轻人的还好，他可以用牙咬提起满满一桶水。这也许就是得益于枫叶“永无牙疾”的缘故吧。那种被当地人叫做黄饭花和红花粉的植物，不知道它们学名叫什么，也不知道如何查它们的相关资料及药用，只知道当地百姓说这种花吃了会让人变漂亮，也可以让人的眼睛明亮，还能令人的皮肤红润。

现代医学证明，黑色、红色、紫色、黄色、绿色的食物有不同的营养价值与药用功效。据有关资料显示，紫色食物中含有花青素，具有强力的抗血管硬化的神奇作用，从而可阻止心脏病发作和血凝块形成引起的脑中风。所以，当地百岁老人几乎没有人患有心脑血管疾患，这是他们食用五色糯饭中紫色饭获得的裨益。

▲ 宜州美食——特大三姐粽　吴继春　摄

红色食品，天生具有促进人体健康卫士之一的巨噬细胞活力的功能，它可以加强人的体质。对于那些较弱体质，尤其是那些易受感冒病毒“光顾”，或者已经被感冒缠上了的人们，红色食品会助人一臂之力，巨噬细胞乃是感冒病毒等致病微生物的“杀手”。

黑色食品的营养成分齐全，可明显减少动脉硬化、冠心病、脑中风等严重疾病的发生机率。所以，当地的人们很少有得这种“现代富贵病”的。

黄色食品富含两种维生素：一种是维生素A，另一种是维生素D。维生素A能保护胃肠黏膜，防止胃炎、胃溃疡等疾患发生；维生素D有促进钙、磷两种矿物元素吸收的作用，进而收到壮骨强筋之功，对于儿童佝偻病、青少年近视、中老年骨质疏松症等常见病有一定的预防之效。所以，当地的人视力都很好。人们都说蓝祥的视力比山鹰的还利，每次下雨过后，乡邻一起上山捡蘑菇，他总比别人发现的多，捡得多。

绿色食品中含有丰富的叶酸，而叶酸已被英美等国优生学家证实为防止胎儿神经管畸形（如无脑、脊柱分裂等）的“灵丹”之一。同时，大量的叶酸还是同型半胱氨酸的“克星”，可有效地清除血液中过多的同型半胱氨酸，起到保护心脏的作用。此外，绿色蔬菜尤其是深绿色的野菜是有“生命元素”称号的钙元素的最佳来源，其蕴藏量较通常认为的含钙“富矿”牛奶还要多，故吃野菜已被当今世界营养学家视为最好的补钙途径。

这黑、红、紫、黄、绿所包含不同的营养功效与药用价值都在当地人们餐桌上的这道五色饭里了呢。五色糯米饭不愧为“长寿药膳”啊。

“鱼米之乡”的宜州。

真可谓——

吃在宜州。

寿地宜州。

第五篇　古城仙踪

精美的石头会唱歌

▲ 河边大水车　冯建国　摄

历朝历代，得到皇帝御诗匾额的寿星，唯有宜山寿民蓝祥。

庆远府周知县命人将嘉庆皇帝的贺寿御诗刻成石碑，并建御碑亭加以保护。

但是，这块无比珍贵的御诗碑曾如流落民间的瑰宝，被岁月蒙上灰尘……在“文革”疯狂的岁月里，它还曾被当做河边农妇的洗衣石板……

今日，新时代的宜州人将其还珠市博物馆，它正向世人述说着一个个传奇，绽放着独特的魅力。

寿星蓝祥的后人今何在?

在宜州市福龙乡龙侯村的他屯，生活着寿星蓝祥的后人，第12代3个重孙，98岁的蓝荣生、86岁的蓝荣辉的和47岁的蓝荣敏。而寿星蓝祥高祖冢，就在宜州市福龙乡龙侯村的他屯屯头山脚下的一片玉米地里……

第一节　宜山知县：体察民情尽心尽力

嘉庆皇帝对当朝的大量腐败现象深恶痛绝，亦极憎恨那些领朝廷俸禄却不干实事的庸官。嘉庆帝刚一亲政，立即以迅雷不及掩耳之势处理了第一大贪官和珅。一时间，贪污腐败现象在很大程度上得到收敛，官员勤政之风渐行。

宜山知县周冕是一个勤政爱民的清官。

嘉庆年间，嘉庆皇帝鼓励朝廷官员离京到外地为官。嘉庆十二年（1807年），高中进士的周冕到南粤之地宜山为知县。周知县到了宜山，时常深入民间体察民情，深受宜山百姓的拥戴。“周侯爱士更爱民，洛谱所在民气醇。龙江水清虎绝迹，獞土桑柔雉亦驯。”这是《长古》一文中对周冕的肯定。他不喜欢坐在县府衙内的县太爷椅子上听底下人汇报，而是亲自到民间了解情况。“耳朵听的总不比眼睛看的，眼睛看的又不比手脚到的。”这是周冕时常挂在嘴边的话。

有一年夏天，接连几天大雨不断，他每天都骑着马到各处老百姓的田地里查看情况。一天，天色已晚，他在从福龙返回庆远的路上遇到一个老农，正坐在大路边哭泣。他翻身下马，走到老农身边，关切地询问缘由。老农哭述，他的耕牛被一个富户的马车撞到山崖下面去了。周冕二话不说，立刻跃上马背，策马扬鞭，追赶而去。不一会儿的工夫，周冕追上了那个肇事富户，严厉指责了他，并勒令他赔偿老农的耕牛。肇事富户自知理亏，早听说周知县是一位眼里不容沙子的清官，既不收贿赂又不庸碌，也就只好乖乖地跟周知县原路返回，除了向老农道歉，还拿出赔耕牛的银子。老农千恩万谢，连连说：“老天有眼，全靠遇到您这位大好人啊！”老农回到村里之后才知道，为他追回耕牛的银子的人就是知县大人，非常感动。

第二天一大早天还没亮，他带着乡亲们敲锣打鼓，抬着红兰酒，担着一笼鸡，到庆远县衙来感谢周知县。周知县心怀感动，觉得这是一群多么善良纯朴的乡亲们啊。但他坚决不收大家的礼物，反而让府里小厮们用他自己的俸禄去街上买来五花肉，留乡亲们一起吃饭。大家都说，这就是我们的父母官啊。于是，周知县与乡亲们热热闹闹地围炉打火锅，开开心心地拉家常。

“那边年的上面那个村子，韦老爹家的媳妇生了三胞胎噢……”

“莫村的那个莫家后生，在龙江河里打得一条大鱼，听讲比人还长哩……”

“加峒的蓝老爹今年142岁了，腊月的时候我爸还去跟他得回一壶红兰酒哩……”

一直乐呵呵听乡亲们“摆古（注：讲故事）”的周知县，一听说加峒的蓝老爹活了一百多岁，突然眼前一亮，兴奋地拉着那位讲述的小伙道：“你说的是真的吗？”

小伙子把胸脯拍得啪啪响：“当然是真的！我们这里大把人还得喝过他自己酿的红兰酒哩！”

“我也得喝过！”另一个花白胡子的老者笑眯眯地站起来说道。

“哦？您老高寿呀？”周知县为那老者夹了一块五花肉，问道：“您也知道蓝老爹有142岁了？”

“呵呵，我今年才90多岁，我家四代同堂也还不算高寿。人家蓝老爹142岁，那才叫高寿哩！”老者抿了一口酒，攀了周知县的肩，附着周知县的耳朵神秘地说：“蓝老爹的儿子们都一百多岁了呐，他的曾孙、玄孙过年过节一回来看他，他家里根本坐不下哩，嘿嘿。”

他见周知县好奇又迫切的样子，就说：“他的曾孙、玄孙都超过一百多人啦！哈哈哈……”

“我们周边村子里，只要是姓蓝的，十个有五都是他的儿孙呢。”

“我那天去山上砍柴，还遇见蓝老爹的二儿子蓝禄。他113岁了。”

“我上次还问蓝老爹的三儿子蓝寿借牛犁田，那次我见他刚好在耙田，就顺便问问他年龄，他讲他103岁了。”

“这世上真的有这么长寿的人吗？”周知县觉得不可思议。

“真的，真的，对知县说谎我们全村人不得好报！”乡民信誓旦旦。

这时，县衙的一个小吏插话道：“哎，这可不是好不好报的事，欺骗官府，那可是坐牢杀头的！”

“我们说的是真的！”

“是真的！真的是真的！”

乡亲们着急地说。

“好，非常感谢乡亲们告知我这个消息。”周知县端起酒杯，一饮而尽，“我相信乡亲们！明天我就亲自去拜访这位142岁的蓝老神仙……”

“啊？知县大人，你去不得的呀！”乡亲们摆手示意。

“为什么？怎么去不得啦？”周知县微笑询问。

“加峒山高路远，要翻过几座山才行，太难走了。”

“很少人去加峒的，蓝老爹来赶一次街要一天才到，都是头一天出来，住在我家，第二天赶街，第三天一大早才返回，他返回到家，天都黑了呢。”

“知县大人，山路太深太难走，你不要去了。”

“就是啊，您是知县，怎么能自己去翻山越岭，哪天我看见蓝老爹，我叫他自己去找您吧。”

“那怎么行呢？等那么久，也太耽误事了。”周知县说，“白拿朝廷俸禄，有负圣上重任，岂是为官之道。”

第二天一大早，由几位自告奋勇的后生乡亲带路，周知县头戴斗笠，身披蓑衣，晨雾中带着一个随从，他们就走进了山里。山路九曲十八弯。当周知县来到一户山里农家小院时，一位瘦小的老头正在院子里剥玉米，他皮肤红黑，虽然是岁数两个甲子以上的老人，但一点也没有衰老之态。对他外貌的描述，清道光《庆远府志》载："貌似猿兮面冻黎，头不童兮发转黑，目光炯炯双瞳方，大耳垂肩如珠缀，十指藤瘦掌龟纹。"

"喏，他就是蓝祥。"有人悄声报告周知县。

处处以周礼治县的周知县，首先上前作揖见礼："老人家好寿元，晚辈周某见过蓝老神仙。"

"昨夜我家灯花开，果然就有贵客来啰！"蓝祥老人看见一下子来了那么多客人，十分热情地起身相迎。

周知县席地而坐，与蓝祥亲切交谈。

"老神仙，高寿啊？"

"小老儿生于康熙八年正月。"蓝祥乐呵呵道。

屈指算来，到今日可不当真是142岁了？周知县和蔼再问："老神仙，您不会记错了吧？"

"哈哈哈，我记错什么也不会记错自己的年纪啊。"蓝祥声音犹如洪钟，"我族谱上记有，我们小小老百姓可不敢欺瞒官府。"

蓝祥告诉周知县，他的长子活了92岁，已在50年前去世；次子蓝禄现在也113岁，现在家里的柴火都是他上山砍的（后来寿元到133岁，仅次于他的父亲蓝祥）；三子蓝寿109岁，还能扶犁耙田。

蓝祥说："我70岁时，我家隔壁的邓天锡才10岁，玄孙仔，你去叫他过来，让知县大人亲自问他，他现在都多少岁了？哈哈。"

一位叫邓天锡的老人闻讯兴冲冲过来，他说自己今年已82岁了。

蓝祥又指着一个老人说："他叫陈其钦，今年也88岁了，当年我70岁的时候，他才15岁哩。呵呵。"

"真是太神奇了。"周知县越听越激动。

"家里粮食够吃吗？怎么都要你们百岁老人亲自做活路呢？"周知县关切询问，"难道家里后辈不侍候你们老人？"

"哈哈——大人啊，我们家的粮食何止够，还有多呢！吃不完咧——"

蓝祥说到这里，眉飞色舞起来，“不怕大人你笑话，我一顿喝十碗玉米粥，吃六碗米饭，嘿嘿，还有一点小酒噢。”

说到酒，蓝祥乐了：“就是米多吃不完，才想到熬酒嘛。”

这时，一旁蓝祥的玄孙说：“大人，别看我太公吃得多，他干活也多。他就是闲不下来，我们三个孙子来侍奉他，可他就喜欢自己的事自己做，乡邻的事帮着做。反正啊，他就是喜欢不停地动来动去，他说动动手脚，身子才舒服。”

另一个玄孙也插话道：“我们太公还是山歌王呢，他这辈子除了种田，就是喝酒唱山歌，饿了吃，困了睡，一天到晚乐呵呵的。”

“哎呀，大人啊，我唱山歌给你听吧。”蓝祥老人风趣地说。

“老神仙，你真是一个快乐的老神仙啊，好啊，好啊。”周知县觉得这个老人家真是一副童真心态。

“昨夜我家灯花开，果然就有贵客来；知县来家我开怀，敬杯红兰请你筛（喝）。”

“长寿百年没神奇，山歌红兰送河鱼；还是那句唱得好，总想去射塘角鱼。”

兴致勃勃的蓝祥唱了一首又一首，周知县听得饶有兴趣。

“老神仙好歌喉，好歌才，周某不会唱山歌，就回敬一首诗吧。”周知县无限感慨地吟诵：“太平之世人多寿，不意遐荒见地仙。亥字重书烦仆数，古希再度又延绵。尧天舜日依光久，蛮洞猺烟抱璞全。洛社香山诸老辈，可同此叟竞高年。匿迹销声远世嚣，仙缘益信属山樵。百龄锡后饶强壮，六十年前已杖朝。谋面儿童皆绮夏，倾城士女拜松乔。穷边方物由来罕，扬荐黎鲐达九霄。”

这时，闻歌而来的乡邻围满了院子，都说可以为蓝祥作证。

一位90多岁的老人很认真地对周知县说：“我还是小孩子的时候，就叫他阿伯了。”

“你们真的愿为蓝祥老神仙做证？”周知县严肃地说：“你们愿意按上手印画押吗？”

“当然愿意！”所有的乡邻都说，蓝祥本来就是142岁嘛，加上他平时对大家那么好，谁家没得喝过他熬的红蓝酒，做个证有什么不愿意的哩？

这时，周知县的那些随从就对大家说：“你们要想清楚，如果做的是假证，那可是要坐牢杀头的，还要连累九族呢……”

“这位官差小哥，”那位99岁的韦老爹打断随从的话，说：“我们干嘛要全村人一起说谎骗官府哩？你刚才说到九族，除了我们乡邻可以做证，蓝氏族人也可以做证。”

“对，我们蓝氏族人也可以做证。”这时，蓝祥的曾孙、玄孙异口同声对周知县说：“我们蓝家有一百多个孙子、外孙，我叫大家一起来做证，我们全族人都可以做证。”

“好！好！好！”周知县非常高兴，对蓝祥说：“蓝老神仙真是一位善行德广之人，你看，乡邻族人都来为你做证呢，恭喜呀！”

哈哈哈……

整个小山村一派祥和。

山里的阳光很暖。

山里的树，根与根紧紧相连。

根与根紧紧相连的树才不易被风雨刮倒。

心手相牵的人们，相互关照，心态更好，才能在岁月长河中固守生命之岩石。

第二节　广西巡抚：上奏朝廷尽职尽责

周知县发现并确认了蓝祥老人果真142岁高龄不虚，心中一阵阵欣喜不已：“我闻此语喜欲狂，为公火速书荐章，大吏闻之开口笑，亟将名姓达天阊。”于是，立即快马飞书，向广西巡抚钱楷禀报。

广西巡抚钱楷收到宜山知县周冕的禀报，也是激动又兴奋。钱楷一边阅览周冕的禀报，一边不禁三呼万岁，感叹此乃圣上整治朝纲、清除腐败，上苍所现的吉瑞之相啊……

清官钱楷是一位饱学之士，琴棋书画样样精通，“善书，工篆、隶，善山水”。他有一幅自题联，上联：“庭有余香，谢草郑兰燕桂树”；下联：“家无别况，唐诗晋字汉文章”。从这幅自题联看得出主人兴趣、品位高洁雅致，即事抒怀，表现出“文章华国，诗礼传家”之品位。

据清史稿有关方面的资料：钱楷，字裴山，浙江嘉兴人。乾隆五十四年进士，选翰林院庶吉士，散馆改户部主事，充军机章京。嘉庆三年，典四川乡试，督广西学政，回京，仍直军机。迁礼部郎中，调刑部，甚被眷遇。截取京察当外用，予升衔留任。十一年，诏嘉楷久直勤勉，以四五品京堂用。历太常寺少卿、光禄寺卿。十二年，京师旱，疏请循汉书求雨闭阳纵阴之说，停止正阳门外石路工程，诏“修省在实政，无事傅会五行”，罢其奏。迭命往河南、山西鞫狱，次第奏结，无枉纵。授河南布政使，十四年，护理巡抚，暂署河东河道总督。擢授广西巡抚，寻调湖北。十六年，疏言：“外洋鸦片烟入中国，奸商巧为夹带。凡粤东西两省匪类纠结，多由于此，以致盗风益炽。请饬闽、粤各关监督并近海督抚，严督关员盘检，按律加等究办。内地货卖一经发觉，穷究买自何人，来从何处，不得含糊搪塞，将失察偷漏监督委员及地方官一体参处，务使来踪尽绝，流弊自除，乃清理匪源之一端也。”诏下沿海督抚认真察办。授户部侍郎，兼管钱法堂事。奏陈湖北地方事宜应酌剂者四端：请附近荆州粮米供支满营兵食，余俱改归北漕；沿江契买洲地，准其耕种纳粮，无契者作为官地，召佃承种；新设提督，移驻襄阳府城；楚北均食淮盐，襄阳、宜昌等府筹议减价。下所司会议，惟沿江洲地一事照行，余以室碍置之。复出署河南巡抚。匪徒王胯子句结南阳饥民滋事，成大狱。楷至任，疏言：“前任巡抚恩长于南阳匪徒一案，前后具奏情节与原报不符，办理过当。府、州、县等缉犯并未废弛，平日声名尚好，现拟绞监候之二十余犯，明年秋审，均应情实，不敢知而不言。”

钱楷，是一个办事非常认真的人，权衡轻重、锱铢必较的人。

钱楷，是一个尽职尽责，上对朝廷尽心、下对百姓尽力的人。

百姓事情无巨细，朝廷事情皆重要。

清朝自乾隆中期以后，吏治日渐废弛，官风日益败坏，其表现不仅仅是官员的营私枉法，更为普遍的是各级官员的怠惰偷安，因循塞责。

为了整顿吏治官风，除了惩治贪污腐败之外，嘉庆帝大力提倡“勤政”。他在《勤政殿记》中提出：“以勤为立身之本，君勤则国治；臣勤则政务有条不紊，怠则政务紊乱无序。”他认为，上至君王，下至百官，若都能昼夜操劳公事，勤劳弗懈，众志成城，就没有什么问题不能解决。

嘉庆帝要求朝廷百官既要“勤政”也要“实政”。他认为，有实政才能实实在在惠及庶民百姓。而那些怠惰疲玩的官吏，正是因为他们“视民如草芥，为政全无实心，爱民全无实惠”，才会“慢易居心，悠忽度日”。

那是一个万里无云的晴好日子，广西巡抚钱楷日夜兼程、快马加鞭赶到京城。兴冲冲的钱楷与其他也准备上递奏折的大臣们一起来到宫殿外，正在等候传递官来取奏折的时候，突然听到一阵喧哗。原来，山东发生了严重蝗灾。嘉庆帝颁发数旨，命令地方官要认真细查灾情如实禀报。山东巡抚和宁竟在奏报中声称：“州县间有飞蝗，并不食稼。”这简直是拿嘉庆帝当傻子，嘉庆帝最恨的就是为官不讲实话，粉饰太平，一怒之下，将其革职查办。

又是一阵骚动。

“好像是圣上动怒，正在责骂。”

“朕要你们文武百官行实政！行实政！”

原来是嘉庆帝正在严厉申斥钦天监：“日月合璧、五星联珠，皆为前代史册所载，朕亦粗知算法，其躔度运行，无难推算而得。”

钦天监为了讨好嘉庆皇帝龙心之悦，以“日月合璧、五星联珠”的天文现象作为吉祥之兆奏报，前来拍马屁，嘉庆皇帝当然一眼就看出，这不过是一些虚而不实之谈，没有任何意义。

“此等铺陈，侈言祥瑞，近于骄泰，实为朕所不取”。

嘉庆帝对于自古以来封建帝王十分注重的所谓星相祥云、吉语祥瑞之事，采取明确的排斥态度。他说，何为祥瑞？百姓安居乐业才是祥瑞，风调雨顺才是祥瑞，只有真正惠及百姓实实在在的“祥瑞”才是祥瑞。他申明：“惟以时和年丰为上瑞，从不敢铺陈符应，粉饰太平。盖以人君侈语嘉祥，易启满盈之渐；不讳灾异，始知修身之方。”

“吾皇圣明！”钱楷呈上奏折，向嘉庆帝言明：“今日臣所禀报的祥瑞，定当是圣上所言的祥瑞。”

“怎么？这个平时从不懂假面子的钱楷，今天怎么也来报什么祥瑞之事？他以往都是直言明谏，今天是怎么回事？”大臣们窃窃私语，正在猜测。

“钱爱卿，你平时可不喜欢这一套所谓虚无缥缈的祥瑞之说的。”嘉庆皇帝不禁有些纳闷。

“臣深知圣上厌恶痛恨那些歌功颂德、粉饰太平的官场风气。”钱楷再拜，道：“嘉庆四年，爆发于湖北的白莲教大起义延及四川，起义军与清军激战正酣。就在此时，四川布政使林儁却以‘民情安贴’的虚假奏报圣上。圣上对林儁的粉饰之辞严厉指斥，并再次告诫各省大吏‘若仍不实告，惟务粉饰取悦，则闾阎疾苦从何而知？’警告为臣们‘不许说假话，以实告，慎志勿忘。’圣上的教诲，臣时刻不敢忘记。”

钱楷的凛然正气，不禁让嘉庆帝欣慰点头。嘉庆帝想听到来自地方的真实汇报，更想看到地方的真实情况。

嘉庆帝问：“那你今天所说的祥瑞是什么呢？”

钱楷非常自信地微微一笑，道：“启禀圣上，这臣奏折所禀，便是真实不虚的祥瑞。”

嘉庆帝亲政后，十分注重了解民情、民隐。在当时的社会条件下，获取真实的社会各个层面的信息，主要是靠地方官员，尤其是作为封疆大吏的各直省总督、巡抚及时准确的奏报。但当时一些地方官员为了博取名利，往往热衷于谎报，这让嘉庆帝很头痛也十分痛恨。嘉庆帝渴望官员们“勤政”、“实政”。所以，嘉庆帝绝不允许地方官员上报假话，而对官员们为求自保不犯错而不作为，不深入体察民情、民隐的行为尤其深恶痛绝，对于这样的官员，就不是警告，而是严厉惩治。所以，他总用“勤政”、“实政”来要求百官。

当嘉庆帝一口气看完奏折，又听了钱楷的禀报，说：“钱爱卿，你可取证查实？”

钱楷不容置疑地说：“启禀圣上，臣已查实。”

“好！”嘉庆帝龙心大悦：“就是要这种实实在在的祥瑞才是我大清之幸啊！”

嘉庆皇帝阅奏折后大喜，下谕旨：“寿民蓝祥加恩赏，给六品顶戴，并特颁御制诗章及匾额。”当时，诗兴大发的嘉庆皇帝，御笔朱批一首七言律诗：

赐广西宜山县永定土司境内寿民蓝祥年一百四十二岁，喜成七言，用志人瑞。

星弧昭瑞应交南，陆地神仙纪姓蓝。

百岁春秋卌年度，四朝雨露一身覃。
烟霞养性同彭祖，道德传心问老聃。
花甲再周衍无极，长生宝箓丽琅函。

钱楷三呼万岁，心想，此乃我广西大幸！宜山大幸啊。当他把这个恩典喜讯带回广西时，宜山的百姓深感皇恩浩荡，奔走相告，足足热闹了好长一段时间，就跟过大年似的呢。而宜山土司境内的人们更是感谢这位及时上奏朝廷尽职尽责的广西巡抚钱楷，感激体察民情尽心尽力的宜山知县周冕。

士人们称赞知县周冕："贤哉邑宰善老老，邑宰为谁周柳塘。"在蓝祥老人获嘉庆皇帝御赐匾额后，宜山知县周冕还向上呈报，要求旌褒蓝祥的善行。于是，嘉庆皇帝又为这位寿星除"加恩赏给六品顶戴并特颁御制诗章及匾额"外，还赏赐建坊银一百五十两外，奉旨再加赏银五十两、缎五匹。

第三节　长寿宴席：天地同贺寿，乡邻齐祝福

嘉庆皇帝亲政后，希望再创富强宏大的中兴局面。他励精图治，在政治上，大力惩治贪官腐败，清除弊政；在经济上，鼓励农民种效益高的农业作物，比如红薯和玉米。

清代由于有玉米、红薯等美洲高产农作物的引进，故粮食产量和可供养人口远超其他各朝，嘉庆年间人口是万历年间的两三倍。

关于红薯传入我国的史实，我们在中学历史课本上都读过。其途径，一是由海路传入东南沿海的福建和广东；一是由陆路传入云南。大约在明代万历前期，闽县（福州）人陈振龙到吕宋经商，看到当地“被山蔓野”皆红薯，便设法得到薯藤数尺，并得到种植和藏种的方法，归国后植于舍傍隙地，后逐步在福建、两广地区推广。

当时，在朝廷大力提倡种植红薯、玉米的情况下，在清正廉明的官员们当中，流传这么一句话：“当官不与民做主，不如回家卖红薯”。

“红薯是好东西咧。”宜山知县周冕在当地大力鼓励百姓种植。当他进山询访蓝祥老人，得知蓝祥就种了两个山坡的红薯时，回到县衙鼓励大家要多吃红薯。他说：“蓝祥老神仙吃红薯长寿，大家也要多吃点。”

广西巡抚钱楷接到周知县禀报蓝祥老人一事后，决定立刻到宜山来与周知县核实。巡抚钱楷到庆远府后，周知县请他用的餐就是红薯。按当朝惯例，清代县官日常用餐和宴请上司三餐的用餐的食谱为主食、菜肴、点心，在宴请上司时，有九碗、九碟、汤和酒。

历览前贤国与家，成由勤俭败由奢。

于是，在庆远府衙，两位清官，喝着红薯玉米粥，吃着蒸红薯，相视而笑。

在“红薯宴”上，周知县说：“大人可知蓝祥老神仙为什么有这么长的寿元吗？”

钱楷当然想知道这个秘密，就催周知县：“你曾亲自询访过老神仙，他一定告诉你什么长寿仙方了吧？快快讲来。”

“没有仙方。”周知县说，“他老人家，就是困倦便睡、饿了就吃的一个人噢。”

周知县继续讲：“圣上御诗赞其‘烟霞养性同彭祖，道德传心问老聃’，蓝祥老寿星的生活习性恰好与老子养生之道吻合。”

周知县通过进山与蓝祥的交谈了解到，老子所言的“毋劳汝形，毋摇汝精，毋使汝思虑萦萦”，“寡嗜欲以养精”恰好就是蓝老寿星的生活习惯呢。

“当年秦始皇海外求仙方，如今蓝老神仙不识药炉丹灶为何物。”钱楷笑道：“看来也没有什么仙方嘛，呵呵。”

“说没有也有，说有也没有。”周知县的话里充满了神秘。

钱楷更是来了兴致：“快说。”

“您知道蓝老神仙是一个什么样的人嘛？”周知县充满了敬意。

他说蓝老神仙是一个道德高尚的人，活了142岁，从来没有和乡邻吵过嘴。他喜欢帮人，喜欢把自己酿的红兰酒拿来与大家分享。

“他就像一个天真可爱的小孩子一样，每次红兰酒给大家喝完，他就会高兴得手舞足蹈，唱起山歌，很开心。”周知县津津乐道：“他从不会说‘这是我的那是我的’，他没有那个‘我’字。”

“噢，我知道了，他是一个绝对无私的乐观老人。”钱楷不禁若有所思地点头：“如果我们当朝为官之人也能像蓝老神仙那样，豁达人生，乐观无私，别看重权位，那么，也许都能寿元多很多吧……”

钱楷有些疑惑，道：“历来养生妙方里，都强调食不过饱，过饱则肠胃必伤。而你说蓝老寿星是‘饮啖过人’的，这是不是与常理不通？”

“大多长寿者不过食的，这个在下也知晓。”周知县笑着说：“当时我也和蓝老寿星谈到这个话题，你猜蓝老神仙怎么说？呵呵。"

钱楷越发有兴致起来。

周知县不禁大笑起来："那个快乐的小老头呀，他说宁可明天撑死也不愿挨饿活到一千年！哈哈哈。"

"这个蓝祥老神仙，上天真是厚爱他，吃得多也活得久，真是奇迹啊。"

"但我相信，蓝老寿星'饮啖过人'，一定有一种什么奇妙的东西将其大量食物化解掉了，一定有。但是，那究竟是一种什么神奇的东西呢？"

到底是饿些活得久还是饱些活得久呢？

老天真会开玩笑。

一个谜，两个答案。

周知县与钱楷巡抚秉烛夜话，不觉天明。他们说，长寿有关"饥"、"饱"的问题，就留给后人去思考吧……

"大人，您说，如圣上所赞誉'烟霞养性同彭祖，道德传心问老聃'的蓝老神仙，是不是应该得到更多的嘉奖？"周知县显然有些激动，不禁起身向巡抚钱楷作揖。

钱楷大喜，决定上奏朝廷。

据史料记载，皇帝的赏赐到了当地后，庆远官府嘉奖他，在庆远府设宴款待。"耳目无医障，饮啖过人"的蓝祥由其曾孙、玄孙"扶掖而来"，宜山知县还请人为蓝祥画寿星图，寄给钱楷题诗留存。

康乾时期，一共办过四次规模宏大、耗资极巨的"千叟宴"。于是，有人建议再办一次"千叟宴"。但嘉庆帝历行节俭，反对奢靡浪费，认为升平欢乐气氛不是讲排场就能证明百姓安乐的，还不如以"勤政"、"实政"来为百姓办事，办一些实实在在与民同乐的事更实际些。

"勤政"、"实政"的宜山知县周冕决定，在庆远府设宴款待蓝祥这位老寿星。腊月，冬阳晒得人心里暖暖的。一个风和日丽的早上，蓝祥老人穿着曾孙媳妇为他做的新衣裳，高兴地去庆远县衙，赴周知县的宴请。

一路上，他的玄孙小心搀扶。

“不用扶我，你自己走好你自己的就得了。”蓝祥还嫌这后生小子碍事哩。

“太公，不得的，给我扶你嘛。”玄孙说。

“我柴都还打得，红兰草还摘得，干吗要你扶我？”

“上次周知县来，不是说要我们小辈人要懂礼嘛？”玄孙振振有词。

“哈哈，那好，等下到了县衙大门口，你再扶我好了。”蓝祥朝玄孙挤眉弄眼。

“那是为什么呀？做假？”玄孙急了：“太公，我孝顺您可是打心眼里自愿的！”

“太公知道你最孝顺了，要不然论百个孙仔，我干吗选同你们三个一起住哩？”蓝祥擦擦玄孙额头上的汗，说：“等下到了县衙大门口，周知县看见你扶着我胳膊，就不担心我们宜山人不懂礼了嘛。”

“噢，原来太公是怕大人担心啊？太公您真好心！”玄孙笑了。

“我们做事情要帮别人多想一点。”蓝祥老人说。

走了一天的山路，蓝祥和玄孙终于到了庆远府。

“虞候忽报老人谒，手扶鸠杖腰磬折。”

老人一到庆远府衙门口，周知县听到禀报就立即出来相迎。周知县疾步走出大门，上前扶住蓝祥老人。周知县是最崇尚周礼的人，他在宜山为任知县三年，非常注重以礼教化当地百姓黎民。

周礼讲究尊卑之别，就迎宾之礼来说，如果主人低于客人的地位的话，那么他要到大门外边去迎接；如果主人身份尊于客人的话，那么他就应该在门内迎接。如果是君臣之间，那么他们都只需要站在房屋门口的台阶上，而臣子是要向台阶下降一级。

如此厚待让蓝祥老人十分感动。本来，蓝祥是一个“不谙朝典”的山野老人，他虽不懂迎宾之礼数，但周知县出门前来相迎的热情，让他心里十分感动，又十分开心。

宴席很丰盛，都是蓝祥爱吃的美味：香喷喷的龙棒、热腾腾的豆腐圆、香煎禾花鱼、白斩鸡、芋头扣肉、欢喜、蛋卷、豆腐肴等，还有很多蓝祥不认识的美味，是一席有壮民族特色的“满壮全席”菜谱。寿宴即隆重丰盛又实在，张灯结彩，搭台唱戏。

唱的什么戏？

唱的就是宜山彩调《陆地神仙出宜山》。鼓乐声中，艺人手舞扇子、肩扛扁担、腰后别着一束红兰草，兴冲冲在用步法分别展示矮桩、中桩、高桩和高低桩四大类的“蹩脚步”、“扭丝步”、“蹬踢步”、“试探步”、“横挪步”、“矮子步”等；展现宜山民间地方特色彩调表演的三件宝：扇子、手帕、彩带；展示扇花的数十种舞姿：三打五动、圆球扇、高低扇、蝴蝶扇、遮羞扇、摆扇、摇扇、抛扇、滚扇、波浪扇、合璧扇、反接扇……

远近的乡邻都来了，都来给老寿星贺寿来了。142岁的老寿星目光炯炯，乐呵呵。只见他一身新衣，端坐在椅子上，一边看演出，一边接受周知县和乡邻们的祝福。上午的演出结束后，中午的日头已偏，午时一过，寿宴正式开始，温馨热闹。

清代请客吃饭讲究宴席上的礼仪，这方面的礼数相当繁琐。进门的时候有“三揖”的礼节，即曲揖、北面揖和当碑揖。因为蓝祥“不谙朝典”，又“饮啖过人”，加上周知县特别亲民没架子，只见蓝祥老寿星拉着周知县的手，健步迈入大门。而周知县却一直想搀扶蓝祥呢，周知县一看蓝祥老寿星“似猿”灵活，“目光炯炯”，也就越发觉得这“不谙朝典”的山野老人难得的纯朴率真。进得门来，蓝祥看见一大桌子的美味佳肴，乐了，也不论东南西北，拉着周知县的手说：“我坐你旁边，夹块扣肉给你先！哈哈——”

记得《史记》所述鸿门宴的情形，当时项羽的座位就是“东向”的，即坐西朝东，亚父范增是南向的，要次等，但仍然占着阳位，刘邦是北向，张良是西向，就在门边上，是最差的。这就是古人按尊卑安排的座位。按鸿门宴里的座次，项羽显然是以帝王自居了。现在，人们宴请宾客，也还是以正面对门的位置为尊位，足以见得中华文化的影响。

周知县被蓝祥老寿星逗乐了。不禁想起第一次他进山时，蓝老寿星还有点拘谨的样子。他暗暗告诫自己，做官一定要亲民。否则，怎会有今天与百姓的融洽，无拘无束。老寿星蓝祥就放开肚皮享用美食，喝着每个人敬给他的红兰酒。

“来一块扣肉。”

“得，得。”

“吃多一个豆腐圆。”

“好，好。”

老寿星来者不拒，米饭添了一碗又一碗，菜肴吃了一筷又一筷，红兰酒喝了一杯又一杯。周知县笑眯眯地看着这一切。旁边的乐队吹拉弹唱，好些民间演出的团队都是闻讯而来的。大家说，周知县治理得好，大家要一起来捧场。

“来吧，乡亲们，请大家一起入席吧。”周知县本来并不知道今天会来那么多人，原先是只打算为蓝老寿星一人贺寿的，现在变成了天地同贺寿、乡邻齐祝福的感人场面。于是，宴席摆到了府衙大门外。府衙大门外摆开了长长的宴席，如巨龙一般。前来贺寿的人们如潮水般涌来。

有的人抱着周岁小儿也来了，让蓝祥老寿星摸摸头，“沾喜气”。

蓝祥乐呵呵地抱过来一个襁褓婴儿，逗趣地说：“我还年轻过你咯，你看你牙都没有，我的牙都还一颗没有掉哩。嘻嘻……”

“好一个‘陆地神仙’啊。”

周知县还命画师当场为蓝祥老人作画《寿星图》。他还为蓝祥寿星图题诗：

太平之世人多寿，不意遐荒见地仙。亥字重书烦仆数，古希再度又延绵。尧天舜日依光久，蛮洞猺烟抱璞全。洛社香山诸老辈，可同此叟竞高年。匿迹销声远世嚣，仙缘益信属山樵。百龄锡后饶强壮，六十年前已杖朝。谋面儿童皆绮夏，倾城士女拜松乔。穷边方物由来罕，扬荐黎鲐达九霄。

这天，宴席一直持续到月升日落……

人们的热情映红了半个天。

▲ 临江风光美如画，歌仙寿仙传佳话；醉美宜州益康寿，神州河山人人夸。　冯建国　摄

第四节　还珠丽琅：“文革”河边洗衣石，今日还珠宜州博物馆

嘉庆皇帝赐御诗于蓝祥的故事在宜州人的心中就像一块魅力无限的青玉，总想一次次地轻轻拿出来摩挲，永不厌倦——

星弧昭瑞应交南，陆地神仙纪姓蓝。
百岁春秋卌年度，四朝雨露一身覃。

烟霞养性同彭祖，道德传心问老聃。

花甲再周衍无极，长生宝录丽琅函。

赐广西宜山县永定土司境内寿民蓝祥年一百四十二岁，喜成七言，用志人瑞。

嘉庆十五年庚午嘉平月御笔

碑上的御诗，每一个文字，像久经岁月风沙的珍珠，又像一块温润的青玉，还像一块美妙的绿珊瑚，历久弥新。

皇帝赐御诗里的“丽琅”二字，让人遐思万千。“琅”，字典里的注解为：无瑕的美玉。这无瑕的美丽玉石，你是宜州百姓心中无价之宝……

你是一块会唱歌的石头——

世上过百寿星千千万，谁是活得最长的人？

蓝祥！

世上寿星们有谁得到过皇帝题诗、授匾？

蓝祥！

“康乾盛世”之时，朝廷为全国花甲以上的老人摆过四次“千叟宴”，当时的一位寿星130多岁，还与乾隆同桌共饮过，皇帝当时也未想到要授匾额与他。

载入史册，千秋光耀，世上寿元最久的，当数宜山“陆地神仙”146岁蓝祥。

历朝历代的寿星，得到皇帝御诗匾额的，唯有宜山142岁时的蓝祥。

庆远府衙当然将嘉庆皇帝的贺寿御诗视作旷世奇珍，视作宜山子民无上的荣耀。周知县命人将嘉庆皇帝的贺寿御诗刻成两块石碑，并建御亭加以保护。

民国的《宜山县志》载：“御碑亭，在城东左，碑镌御制寿民兰祥诗。”

……后来，一块御碑不知所踪，只剩左边的碑刻孤独地站在寒风苦雨中。命运多舛的孤独碑刻，在那场疯狂的“文革”浩劫中，被“红卫兵”革了它“站”在那里的命运，它被当做“封资修”推倒了。

它被丢弃于附近的一条河里。

它静静地躺在石别镇的三寨村外的河边。

“哎？这块大石碑刚好可以用来做洗衣板。”三寨村的姑娘、媳妇发现了它。于是，昔日风光不再，御碑如珍蒙沙，它被当做搓洗衣服的石板，一块非常好用的石板。人们在它的身上冲冲洗洗，捶捶打打。它就像一位流落民间的公主，变成了山野村妇。这颗珍珠被尘埃埋没了。

1982年拨乱反正后，宜山县组织工作队下乡收集文物，在原永定土司署即今石别镇的三寨村外河边发现了这块碑。当工作队的人如获至宝，如视出生婴儿般轻拂碑上泥沙时，村人觉得莫名其妙：“这不就是一块大石头吗？难道比得金银还值钱啊？”这时，一位提桶前来准备洗衣服的妇女说：“你们拿走我们村的洗衣板，我们怎么洗衣服哇？”另一位来洗菜的老奶奶也说：“那是我们村的石板，我嫁来这村就有了这块石板。”

县工作队的人说：“各位乡亲父老兄弟姐妹们，你们知道你们用来当做洗衣板的石头是什么吗？”

“洗衣板就是洗衣板咯，不就是一块大石头嘛？”

“哎，县里来的领导，你们说了半天，它究竟是个什么宝贝嘛？”

“什么宝贝我怕也不可能买得一头牛吧？”

人们七嘴八舌。

“大家别吵了，听我说。”异常激动的县工作队的人说：“这可是无价之宝！”

“什么？还真是宝贝？”

“是的，它就是嘉庆皇帝为老寿星蓝祥贺寿御诗的碑刻啊！”

“是皇帝的御诗碑刻？”

“那怎么会在我们村的河边啊？”

“蓝祥是咱们福龙的、石别的啊，皇帝赐给他的御诗，刻碑不立在我们村，难道还会立到外国去啊？”

人们你一言我一语，兴奋得不得了。村上的老人说，听阿公阿奶摆古，我们这里几百年前，有一个叫蓝祥的寿星公活了146岁，后来变成了石鳖。“那座山上，看见了吧？那块石鳖就是蓝祥变的……”“我们村上那些姓蓝的，还有福龙那边村那些姓蓝的人，说蓝祥就是他们的老祖老太公呢。”

村民们与工作队的人小心翼翼将御诗碑刻挖起，放到了车上，一脸的骄傲与自豪。

现在，我们宜州市蓝祥长寿文化研究会的同志再访那里的村民时，他们回忆起了当时挖御诗碑的情景。

“那天我也去了，好多的人，我们村上年轻的男人都来帮忙。”

“那块石碑好重噢。那时又没有挖掘机，我们是用了村里几头牛才拉动

▲ 下枧河天然沐浴场　李增英　摄

它的呢。"

"工作队的同志是用拖拉机运回县城的，东方红牌拖拉机。"

我们听着大家讲述这个美丽的往事，看着一群善良热情纯朴的乡亲们。挖掘出蓝祥御诗碑后，先是安置在城北白龙公园内，后移址城南的南山碑林之中，并建有一御碑亭，作为重点文物保护。再后来，宜州人为了更好地保护它，目前，已将其收藏于广西宜州市博物馆内。御诗碑成了镇馆之宝。

我们常说，随着岁月的流逝……

其实，岁月何曾流逝，流逝的是我们……

流逝的是我们现代人们内心的一些东西……

就像河里的这块御诗碑，只要我们愿意打捞，总能打捞上一些"宝贝"，那种内心深处的、埋藏得太久，积了太多尘埃的"宝贝"。御诗碑——一块传奇的石头，它传唱着"寿"文化的歌谣。故事，也许会被改编；历史，却不允许我们忘记真实的声音。

第五节　血脉相传：生活在宜州市福龙乡龙侯村的他屯的蓝祥后人

寿星蓝祥的故乡在宜州。

蓝祥的后人今何在？

没有记载。

只有猜测。

有人说，可能是年代久远之后，或是天灾、或是战争的原因，蓝祥没有后人了吧？

非也！

宜州，宜山宜水更宜人的这一块厚土，怎么可能不庇佑着长寿神仙蓝祥的后人呢？

龙江河水不会干，长寿血脉不会断。

蓝祥的后人，如今就幸福地生活在宜州市福龙乡龙侯村的他屯！

公元2014年6月16日，宜州市蓝祥长寿文化研究会副会长、市文联副主席梁允常先生与市文物管理所的陈仲涛、韦傲松同志及退休教师骆庚元，最先在宜州市福龙乡龙侯村的他屯找到了寿星蓝祥的后人。

宜山宜水更宜人的宜州，养育了蓝祥长寿家族。

在他们找到寿星蓝祥后人的第二个星期，我们宜州市蓝祥长寿文化研究会的一队人马，又出发了。

目的地——福龙乡龙侯村的他屯！

采访目标——寿星蓝祥的后人，第12代3个重孙，家住福龙乡龙侯村的他屯98岁的蓝荣生、86岁的蓝荣辉和47岁的蓝荣敏。

听梁允常先生说，86岁的蓝荣辉上山能砍柴、下河能打鱼，还种了几亩桑叶地，养了好几批蚕，卖了好几批茧，到农村信用社存了好几次钱呢……

六月流火暖风习习的清晨，初阳熔金。

两辆越野车行驶在宜州市福龙乡新修的油路上，夏日的热情已如火一般，似乎很轻易便能点燃远山近水，让山山水水一下子便活跃起来继而跳跃起来，撩动鸟翅上的梦在飞翔——就在二百多年前，就在宜州这片土地上，诞生了一位146岁的长寿老人——蓝祥！如今，他的第12代重孙蓝荣生、蓝荣辉、蓝荣敏就生活在福龙乡龙侯村的他屯。

我们采访组的人，心是激动且好奇的，同时，也是充满着自豪的。

越野车南出宜州市区往福龙乡方向行驶一个多小时，从龙侯村的岔路口进入盘山蛇路，车在巍峨的高山间盘旋，山间美景十分引人流连，电视台的记者忍不住频频下车拍摄。

山路虽然蜿蜒，但已修成了水泥路。

我们几次与班车会车。由于路窄，或是我们停让，或是班车退后到稍稍宽出几公分的地方。

下面就是悬崖，在这样的路上开车真是让人有心惊胆颤的感觉，我开玩笑说："我们为了找蓝祥后人，不惜命悬一线哩。"陪同我们的一位村委干部笑了，他说这样的山路他们经常走，进村入屯做工作，有时人多就开"柳微"车、有时自己去就骑摩托车，从没觉得有"危险"二字啊。而且，市委书记、市长等等领导也经常进到各个山区的，这样的路以前是泥巴石子路，自宜州市开发扶贫"整乡推进"福龙瑶族乡示范区项目建设启动以来，现在进到山里村屯的路大多铺上了水泥，通了班车，农民进出方便多了，时间也省多了。

再偏远的山区，政府目光如炬所到之外，就会路修所至。

▲ 云雾缭绕桃源处，神龙闲卧仙家居；寿星蓝祥曾出入，血脉相传到如今。 韦海敏 摄

山虽高，路已不远。

因为，只要心近，路就不远。

大概又过了三个多小时，我们的车到了的他屯。这样的山路，就是当年蓝祥用了几天时间才从山里走到县城的那条路。

我们来到蓝荣敏家，这是一位四十来岁的精瘦且精神的汉子，个子不高，动作敏捷，红黑的脸膛，双目有神。蛮有一些蓝祥当年“貌似猿”的味道。说明来意，朴实的汉子憨憨地笑着说：“蓝祥就是我家老祖，不信你问我两个堂哥、问我们屯里所有的人。”他的手上有一些白色石灰粉末，看来是刚刚清除蚕房卫生。

“你堂哥？也住你们这里吗？在哪家？”

“没在屋。好像在地里收玉米。”

他说他86岁的堂哥蓝荣辉在后园菜地，马上叫他的玄孙女去喊。

“不用喊，我们过去看看。”民政局的同志饶有兴趣，当得知他的两位堂哥都是八、九十岁人，还能到地里干农活，大家只想一睹稀奇。

“我太公在菜地。”一个小姑娘为我们领路，到了一块菜园。

一位精瘦矍铄的庄稼汉正打着赤膊摘瓜苗，看见我们一群人围过了，猛然直立，双目炯炯，两道乌黑浓重的眉毛异于常人，仿佛舞台上唱戏的张飞关公的眉毛似的，而且呈四方形，足有两指宽。太阳光明晃晃地照在他背上，就像上了一层古铜色的油漆——好一个活脱脱的蓝祥啊！

在场的几位研究会的同志说，这就是清道光《庆远府志》所载蓝祥的外貌肤色的“貌似猿兮面冻黎”那个特征啊，他遗传了百分之九九点九呢，有人笑着说道。

就是他吗？我问小姑娘道：“他就是你太公吗？”小姑娘一边点头一边接过她太公手里的瓜苗。

天哪，这哪像八九十多岁的人？

“是不是他？不要搞错。”民政局的同志一边小声和我说，一边让另一位同志叫蓝荣敏过来。

“你说的堂哥就是他吗？”我小心地问。

“嗯。”蓝荣敏点点头。

“是86岁的堂哥？”我再一次认真地问。

“嗯。”蓝荣敏又点了一下头。

“不像啊……”我们研究会的几位同志小声嘀咕。这时，在一旁的文物所的陈仲涛说：“是咯、是咯，上个星期我和梁允常老师来过咯，就是他咯——”

这位看上去一点不像“86岁的堂哥”着急了，跑进房间，不大一会儿，拿出一本棕红皮面的老族谱，说：“我们都是蓝氏家族的，我们是兄弟，我们大哥现在还在收玉米，我们真的是兄弟咯！”

“阿伯，噢，不，阿公！你身体真好！”

“感觉你和蓝荣敏大哥没差那么大岁数啊。”

“蓝荣敏大哥说他47岁，你也就57岁的样子，呵呵！”

“见没有？喊你没吃更多烟，你没听。”老人家回头对正在劈柴火的堂弟蓝荣敏说：“吃烟短命，喝酒长寿！”

接着开心地笑道：“你们后生仔就懂讲笑，我还57嘛？老了，没有用了。”

“有用、有用。”我们说：“超过你们老祖蓝祥，他140多岁，你活300岁哈！”

“哈哈哈——”老人的笑声底气很足。

老人家招呼我们坐，等下一起吃玉米粥，还拿出他自己腌的辣椒，在厨房里忙着这边烧火煮玉米粥，那边煮黄豆猪脚，还一边忙着切韭菜、椿芽做盐碟。

我发现这些韭菜的叶子是普通韭菜叶子的三倍，就夸他们韭菜种得好，农家肥种的就是好。

▲ 宜州市福龙乡龙侯村的他屯，白色小楼为蓝祥后人现居住处。 吴晴 摄

老人家笑了，说这是野韭菜，山脚下大把，哪个种它？

还有棒芽，满山都是，想吃多少摘多少。

我们几位同志说，老人家你去旁边坐着休息吧，我们来煮吧。老人家说，你们是城里人，是客人，你们坐等，一下就好了。他还笑着说，家务活哪里算什么活路子？上山砍柴，下河打鱼，很正常哩。

一旁的文物所同志证明："真的，他没讲谎哄你们。上次我和梁老师来找他们，他就是上后山砍柴火，我和梁老师亲眼所见！"

太不可思意了！

我们几位同志在感慨："如果我们到了八九十岁也有这种身体，那就好了！人家就是坚持劳动才有这种身体的啊！"

"还要喝得！吃得！才得！"这位老寿星说。

▲ 86岁的蓝荣辉为98岁的蓝荣生斟红兰酒，左一为蓝荣敏准备为两位堂兄斟酒。　吴晴　摄

"阿公，你吃得、喝得咩？"

"我喝得咧！"他放下正在切菜的刀，随手拿起一个蓝盖德胜酒的空瓶，说："一般都喝得两斤德米，高兴的时候还得多点咯！"

这时，一位满头银发的瘦小老人挑着一担玉米走了进来。我们连忙让路。

"他就是我们大哥了。"

什么？这位担了一大担几乎夸张的玉米的瘦瘦小小不足1.5米的老人，就是将近百岁的老人吗？太不可思意啦！

这是一位白净且瘦小的老人，他也太瘦小了，估计体重不会超过八十斤呢。

我实在忍不住，就偷偷问蓝荣敏。他告诉我，上次卖玉米的时候他大哥也称了一下自己，是76斤。

那担的这担玉米多少斤啊?

80斤。

天，太不可思意!

“这有什么，你看蚂蚁扛的米还不是比它自己重。”这位瘦小的老人放下担子，诙谐地笑道：“得喝多两杯酒，还要有力气多——”

吃饭了——

他们邀我们一起吃饭，大家觉得能与蓝祥后人共餐，真是一件开心的事。但一起来的摄影家协会的同志哪能放过那些精彩画面，只是一个劲按动快门。尤其是电视台的记者，镜头更是对准了他们这一家子。而这却让那蓝氏三兄弟中的98岁大哥蓝荣生和86岁蓝荣辉很紧张，拿着筷子木在那里。尽管记者一个劲的说“你们吃啊，你们家的人吃啊，不用理我们。”但他们还是一脸严肃的表情，只有47岁的蓝荣敏面对镜头不但不紧张反而有些兴奋，乐呵呵地举起剪刀手。

记者、摄影师一个劲的照，他们蓝氏大哥、二哥就一直不动筷，仿佛定格了似的僵硬在那里。不管我们怎么说让他们动筷子吃、就像平常一样吃，可他们就是不动筷子，紧张地端着酒杯。任我们怎么喊吃就是不动。

算了，不照了，别难为这两位朴实无华的农民阿公以及一位84岁的阿奶啦。来吧，一起开动!

看着我们都坐过来，他们脸上一下子露出笑容，就像帘子似的，唰，打开了，一下子也自然了。这时，那位近百岁的蓝阿公开口道：“有客人来就要一起吃，哪有客人没吃我们先吃的道理!”而那位86岁的蓝阿公也说：“客人不动，大哥就不动；大哥不动筷，我们也是不给动的!”

这就是中华民族几千年的孝文化传统精髓啊……

好，来吧，一起来!

因为我们是远来客，他们邀请来村上几位德高望重的老者一同过来吃饭。

我们与蓝氏一大家族人、还有同村四位老者一起乐呵呵地围桌共饮红兰酒，品味长寿文化的味道……

席间，我们还是想进一步求证他们就是蓝祥后人。同村四位老者一起拍胸口说："是咯、是咯，他们家是正宗蓝祥家的子孙咯！"这让我们仿佛又现出当年乡邻为蓝祥担保做证的那一幕情景……

他们说他们蓝氏高祖的墓碑就在屯头，碑上所刻蓝祥已是排辈到了第四代。

"哎——我带你们去看我们蓝家高祖的坟！"

蓝荣敏带我们来到屯头一座山脚下的玉米地，在玉米地里，一座普通的坟茔现在眼前，就像普通人家的一个小坟头，但上面的土是满当当的，草也十分茂盛，就像一个丰盈的桔子。

面对那个小小的坟茔，我们几位研究会的同志油然升起一种神圣的敬畏，整理衣容，深深地鞠躬——

向这片土地鞠躬！

向这片土地上的人们鞠躬！

第六篇　道德传心

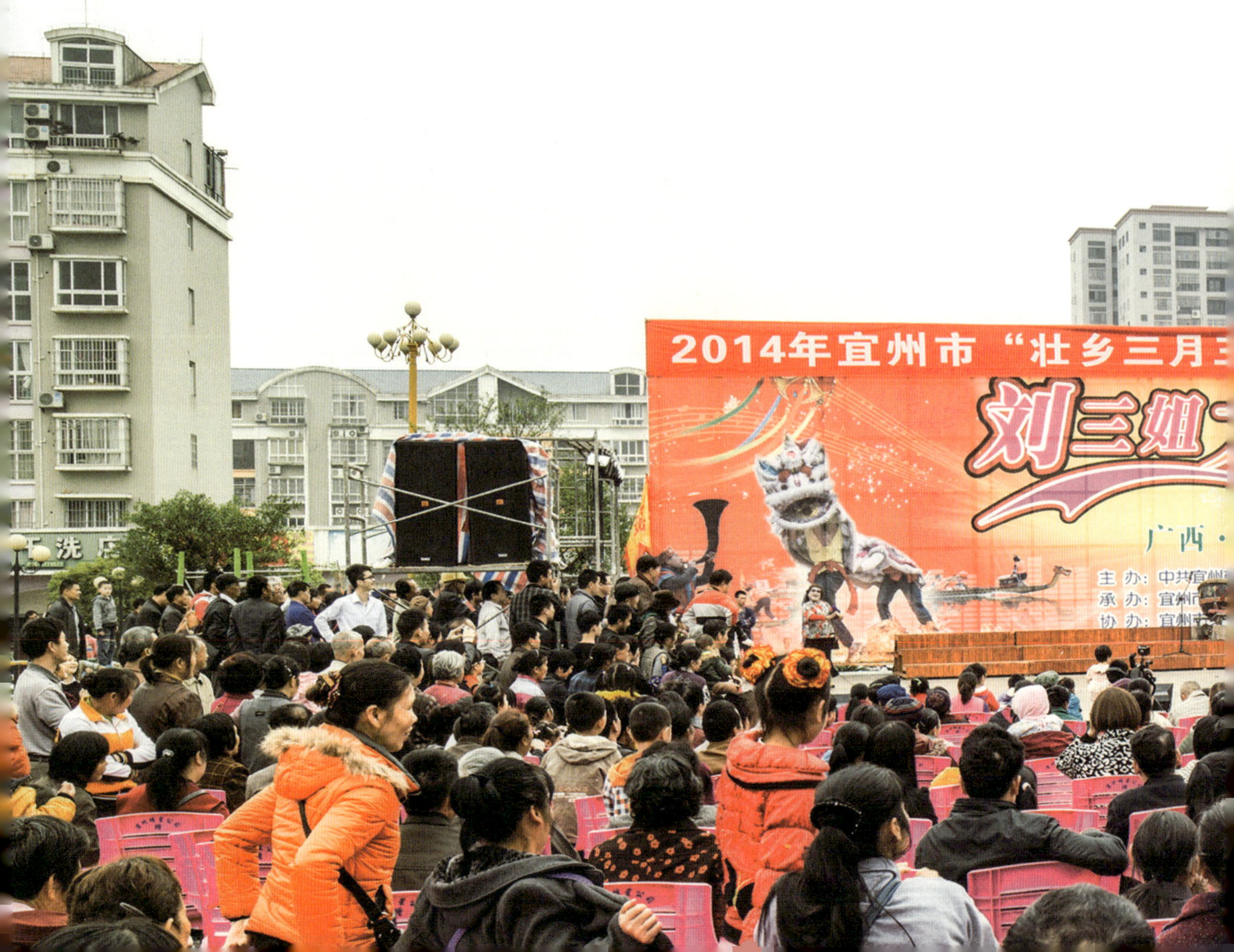

唱着山歌追太阳

刘三姐大舞台，周周演欢如海；中国梦我的梦，三月三好精彩。　李增英　摄

▲ 竹竿乐　罗爱群　摄

世界人口专家指出，人的平均寿命跟社会经济发展水平是相对应的。

一个良好的环境，必将成为养生天堂。安定的社会环境、良好的经济基础是人类健康长寿的基本的条件。

一直以来，宜州市着力保障和改善民生，宜州市委、市人民政府高度重视发展老龄事业。

这里是一个养生福地，长寿最高境界是养生，养生最高境界是养心。

爱唱山歌的民族快乐长寿，这里的人们唱着山歌追太阳。

第一节　寿星仙乡：宜人宜居的养生天堂

这世上有长生不老的地方吗？

《淮南子·时则篇》说，世上有“不死之野”。

《吕氏春秋·求人篇》说，世上有“不死之乡”。

这世上长生不老的地方，是人们梦中的仙乡乐土。

中华民族长寿梦，这是一种多么美好的理想啊。

让我们轻轻叩响梦之门，唱着山歌念动咒语：“芝麻开门……”

长寿之梦的翅膀舞动着神秘的风……

心中有梦就能飞！

《山海经》中记载，有一个叫“不死国”的地方，那里的人长生不老。“不死国”的山上有不死树，吃了这种叫做甘木的树叶可以长寿，还可以长生不老；有一眼红色的泉水，喝了泉水就可以长生不老；那里的人长着黑色的皮肤，都是长生不死的人。传说有凤凰、鸾鸟守卫着“不死国”山上的“不死树……甘木”这些仙树。

《山海经·海外南经》载：“不死民在其东，其为人黑色，寿，不死。”《山海经·大荒南经》又载：“有不死国，阿姓，甘木是食”。《博物志·物产》又载：“员丘山上有不死树，食之乃寿，有赤泉，饮之不老。”

这“不死国”就在神奇的南方。南方什么地方？或许就在广西宜州。

《山海经》里的“不死民”是什么样子的呢？“其为人黑色”，他们“寿，不死”。

宜山的“陆地神仙”蓝祥寿星长什么样呢？据清道光《庆远府志》记载，蓝祥“貌似猿兮面冻黎，头不童兮发转黑，目光炯炯双瞳方，大耳垂肩如珠缀，十指藤瘦掌龟绞。”我们可以看到，他的皮肤“冻黎”色，是黑得发亮的了。这不就是《山海经》里的“不死民”的“其为人黑色”的样子吗?

《山海经》里的“不死国”生长着那种神奇“不死树”植物，据说，吃了它就可以长生不老。老寿星蓝祥所采的红兰仙草，或许就是那株传说中的“不死树”，因为红兰草具有抗人体机能老化的功能，长期食用可提高免疫力。蓝祥就是以红兰仙草酿红兰酒，饮了146个春秋。

《山海经》里的神奇之水“不老泉”，或许就是宜州南山摩崖石刻巨大“寿”字下面的那眼“寿泉”呢。当地的百岁老人也好，黄口小儿也罢，均视之为“长寿之水”、“生命之泉”。这眼神奇的泉水有许多奇妙之处，小孩子跌伤了手脚，用它清洗，可不留疤痕；女孩子们用它养鲜花，鲜花可以比用普通的自来水插花多活两三个星期；人们用它的水煮饭，剩几天都不馊，最神奇的就是，不但不臭馊，在那碗剩饭里放几片红兰草叶撒·小块酒饼，第二天，就是一碗香甜醉人的红兰酒了。当地一些农家喜欢用这种土方法将剩饭自制成红兰酒。

所以说，《山海经》里所说的南方“不死国”，或许就在广西宜州境内。宜州，全市人口67万，目前超过百岁的老人已有80多位了。世界人口专家指出，人的平均寿命跟社会经济发展水平相对应。除此之外，还跟什么关系密切呢?

首先是环境。一个良好的环境，必将成为养生天堂。宜州市具有得天独厚的自然生态条件，具有独特的地理位置、良好的生态环境、优质丰富的物产、历史悠久的养生传统文化。这里是一个养生福地，利于长寿。

历史长河，云卷云舒。

宜州市据西南之咽喉，古谣叙之：“天下大乱，此地无忧。天下大旱，此地半收。”可见其地理环境之优越，堪称“鱼米之乡”。

宜州是大西南出海通道“咽喉”要地，宜柳高速公路、金宜高速公路、黔桂铁路贯穿宜州境内，形成了四通八达的交通运输网络。宜州地属亚热

▲ 宜州处处有蓝祥，养生天堂寿无疆；四季祥贝风光好，桃花源里觅仙乡。 李增英 摄

带季风气候区，气候宜人，光照充足，雨量充沛。年平均日照时数1696.9小时，年平均气温在19.6～20.2摄氏度之间。大自然的鬼斧神工把宜州大地塑造得“峰峦峥嵘奇特，江流碧绿如画”；下枧河山青水秀，风情万种；六坡水库碧波荡漾，草色连云；祥贝田园风光旖旎动人，修竹茂林、溪声桨影辉映成趣；古龙河竹排漂具有险、奇、美、幽之特色，有人赞叹：“青山绿水一竹排，荡尽人间旧尘埃，古龙美景观不尽，君子有幸泛槎来。”城区及境内

▲ 目的地——出发！　李增英　摄

其他景点如会仙山、九龙山、多灵山，山山独特，凝绿叠翠；白龙洞、仙女岩、珍珠洞，洞洞幽深，异彩纷呈。其中白龙洞景区和古龙河被确定为自治区级风景名胜。市区有山谷祠、石达开与部将的唱和诗石刻、铁城遗址、八角楼、浙江大学旧址以及迄今为止发现的全国最早的五百罗汉名号碑等众多文物古迹。

这里气候宜人，环境宜居。宜州域内上空，因无工业废气、化学药品的污染，整个环境植被保护良好，空气洁净，灰尘、微粒极少，令人呼吸顺畅，是旅游避暑胜地。经测定，宜州城区空气负离子含量普遍在两万以上，而刘三姐家乡马山塘村、下枧河河畔等地方则高达四万至五万，是大城市的1000倍以上。置身其间，如超然世外，使人心旷神怡，悠然自得。这是人间难得的一块净土，中老年人长寿养生的天堂。

宜州地形特点为南北高，中部低，自西向东倾斜，属半山半丘陵地区。宜州山中植被丰富，生长着两千多种植物，其中有药用价值的就达一千多种，是全国药用资源最丰富的地区之一，被当地百岁老人们喻为长寿神草的红兰草，有神奇功效。

这里空气清新，绿树成林，森林覆盖率达56.22%，空气中负氧离子平均含量每立方厘米高达三万个，是理想的天然宜人氧吧，是名副其实的宜居养生天堂，是“中国最具民俗特色旅游目的地”、“中国最佳生态休闲旅游名城”、首批“国家餐饮安全示范县”、国家级首批“服务食品安全示范县”、“广西园林城市”。

宜州市环境保护监测站于2013年6月2日至6日连续5天对宜州环境大气进行监测，空气质量达到国家二级标准。

根据宜州市疾病预防控制中心对生活饮用水检测结果报告，各项指标均达到国家GB/T5749–2006标准。

宜州物产富饶，特色资源丰富，经济发展迅速。宜州是全国粮食生产基地，是全国最大的桑蚕生产基地县（市）、广西桑蚕产业循环经济示范基地

◀ 民俗绝技：唱山歌迎新娘过刀桥
冯建国　摄

和广西重要蔗糖产业基地。全市糖料蔗种植面积47万亩，榨季产原料蔗180万吨左右，成品糖26万吨以上；桑园面积30万亩，鲜茧产量4万吨以上，桑园面积、鲜茧总量、茧丝绸加工能力和桑蚕综合利用水平保持广西县级第一。境内有煤、锰等丰富的矿产资源和水资源，已利用水能达21.6万千瓦，森林覆盖率达54.9%。宜州境内大小河溪295条，主要有龙江及其支流临江河、中洲河、洛寿河、五拱河及刁江支流都良河等11条。全市土地总面积519.89万亩，基中平地（包括台地）71.31万亩，丘陵305.45万亩，山地143.13万亩。耕地面积68.54万亩，有林面积124万亩，草场119万亩，养鱼水面积2.7万亩。

宜州物产丰富，除水稻、玉米、小麦、黄豆等粮食作物外，有蓄积量为194万立方米的林木和多种竹类及其产品。其土特产主要有红兰酒、红兰草、果蔗、桑蚕茧、沙田柚、槟榔芋、红瓜子、扁柑、甜杨桃、黑豆、黄豆、乳鸽、油鱼、船丁鱼、龙江芝麻剑鱼、黄蜂鱼、明灯寨烟叶、魏村马蹄，苏村莲藕、古龙梨、文昌碎咸菜、牛肉条、豆腐圆、五色糯米饭等。

2012年全年完成生产总值90.3亿元；工业总产值完成53亿元；财政收入7.2亿元；农林渔牧业总产值完成56.5亿元；全社会固定资产完成投资67亿元；社会消费品零售总额33.5亿元；城镇居民人均可支配收入19341元；农民人均纯收入6367元，增长13.6%。宜州已形成粮食、蔗糖、桑蚕、水果、畜牧水产五大生产基地，并且又已成为全国商品粮基地县和广西粮食自给工程县（市），是广西最大的桑蚕生产基地县（市）。

宜州市境内，居住着壮、汉、瑶、苗、仫佬、水、毛南、黎、回、布依、满、侗、彝、京、蒙古、哈尼、白、羌、土家、畲、傣、高山、朝鲜、藏、仡佬、维吾尔、佤、东乡、锡伯、达斡尔等30个民族，壮族是宜州人口最多的少数民族。总人口67万，其中城区人口15万人。

中国人在几千年前就开始注重养生长寿了，过去古代的人平均寿命不过三四十岁，六十岁就算长寿了。“人生七十古来稀”，也就是说人活到七十岁的都属于稀少了，寿元过百的就是奇迹了，被当成了神仙看待。那个时候就是有百岁长寿的也是凤毛麟角。

近半个多世纪以来，人们的平均寿命大幅度提高，七八十岁的很平常，九十多岁的也不少，就是百岁老人，也不是什么稀奇的事。

按“中国长寿之乡”的有关规定，区域百岁老人占户籍人口比例在存活实足百岁老人占户籍人口比例为10.56/10万人。据宜州市民政局统计，2012年底全市户籍人口为66.29万人，百岁及以上老人69人，占总人口的比例为10.56/10万人，超过规定10／10万人的评审标准。可喜的是，时至2014年，据有关数据统计，宜州的百岁老人已超过了85人。2012年全市人口预期寿命78.92岁，超过2010年平均预期寿命2.12岁。2012年全市80岁及以上老人12264人，60岁及以上老人85496人，80岁及以上老人占60岁及以上老人的14.35%。

这是一系列可喜可贺的数据。

如果嘉庆皇帝穿越历史时空到今日宜州，为85位百岁人瑞一起御诗授匾额，岂不是要不休不眠了？呵呵，这就是——“数长寿人物还看今朝”。

第二节　歌海酒河：歌与酒的民族长寿安乐

泱泱中华，上下五千年，曾有多少帝王与百姓都梦寐以求长生不老。历朝历代每出现寿星奇迹，人们便为之惊叹，羡慕之余，也从古人身上积累了丰富的养生保健经验。随着历史的进步，人的平均寿命在不断提高。

目前，中国现有的百岁寿星人数已经过万。

人的寿命除环境之外，还跟什么关系密切呢？

中国有句俗语，叫做“笑一笑，十年少；愁一愁，白了头”。它是有科学道理的。人的心情愉悦，抵御疾病的免疫力就会增强，人的心情不好，免疫力就会降低。现代医学研究证实，忧愁、紧张、焦虑会导致头皮局部血液循环障碍，大脑的氧气供应不足，使毛乳头营养供给减少，会令头发变白。同时，忧愁令内分泌失调，如胸腺水平下降、性腺功能减退等，头发变白，就是血气不足的外在表现。

有人说，人生在世，不如意事十之八九，野草不种年年有，烦恼无根日日生。我们改变不了世界，但可以改变我们自己。人要会自己找“乐”。常唱歌会让人快乐；爱动脑能让人年轻。

据有关资料显示，歌唱家的心跳非常有力，胸腔肌肉强健，肺部发达。他们的肺活量和功能等都比同龄人强。而作家的头脑思维非常灵活，与同龄人相比，他们的表达能力更强，创作让他们的脑细胞更活跃。唱歌能使呼吸系统得到锻炼，创作能让头脑细胞得到激活。

人的心肺功能随着年龄的增长而衰减，唱歌可减缓心肺功能的衰老，从而使人长寿；人的脑细胞随着年龄的增长而减少，人老了记忆力衰退，其实就是脑细胞的衰减。而人在创作的时候，激活脑细胞，有利于调节神经，开发智能。

声波对内脏器官的按摩，能激发人体潜能和增强抗病能力。唱歌能将体内的废气、浊气、病气排出体外，经常唱歌能使人心境愉快、思想开朗、胸怀豁。唱歌能使呼吸系统的肌肉得到积极的锻炼，它在增强胸部肌肉的作用方面不亚于游泳、划船和瑜伽。绝大部分成年人的心肺功能是随着年龄的增大而减弱的，特别是对于那些吸烟或者不太好动的人来说，更是如此。唱歌可以减慢这种衰退，这可以解释为什么专业歌唱家中寿星多。

创作是脑部的一种体操运动，有利于改善大脑皮质层和自主神经功能，在促进血液循环、缓解精神紧张和神经功能紊乱的同时，可以给大脑一个兴奋刺激灶，延缓大脑衰老。世纪老人冰心曾说过："对我来说，保持健康的方法，不是讲营养，吃补药，而是一句话：在微笑中写作，心情舒畅。这可以说是我的长寿'维生素'。"

唱歌让人快乐，动脑令人年轻。那么，唱歌与动脑创作融为一体，会有什么神奇的效果？可想而知，那就一定是健康长寿。

从医学和生理方面讲，唱歌与创作有利于改善大脑皮质和自主神经功能，促进血液循环，缓解精神紧张和神经功能紊乱，排除忧愁和烦恼，消除疲劳和七情劳损的同时，可以开发智力，让脑细胞更加活跃。

现代医学将人的生命完全死亡的定论为大脑死亡，而不是心脏停止跳动。随着年龄的增长，人的脑细胞会减少，大脑退化到一定程度，人也就接近死亡；而保持大脑皮层兴奋、脑细胞活跃的人，就可以延长生命。唱山歌本身就是一种唱与创作同时进行活动，它可以极大地开发智力，最大限度地激活脑细胞。

这里就有这样的一个民族，他们就生活在唱歌与创作之中。这个民族生活的地方——广西宜州，这是歌仙刘三姐的故乡——山歌的海洋；这是146岁长寿老人蓝祥的故乡。这里的人说，"不唱山歌心不开"，所以，他们的生活处处充满了山歌的元素。而开口唱山歌，是一种即兴的创作。

人们曾赞叹作《七步诗》的曹植思维敏捷，而这里的人们唱山歌是指物索歌、开口立就的。立地开口就是歌，哪里还用走七步？就在这个喜欢唱歌、勤于动脑善于思考的民族里，出了146岁的人瑞蓝祥。

说宜州是山歌的海洋，是因为这里的山歌历史悠久，人们从盘古开天地一直唱到如今，几乎人人能歌善唱，已近“以歌代言”的地步。广西的山歌王中，宜州就有14位，是目前广西山歌王最多的地方。

▲ 三月三山歌大赛　谢恩雪　摄

山歌是宜州人的生命，有人聚居的地方就有山歌，田间地头、劳作之余以及婚丧嫁娶红白喜事，总能听到悠扬的山歌，各种大小节日，更是少不了山歌助兴，甚至邻里聊天也是以山歌对唱的形式进行的。

北宋乐史《太平寰宇记》记载，壮族“男子盛装……聚会作歌”。周去非《岭外代答》卷四《送老》中写道：壮人“迭相歌和，含情凄惋，……皆临机自撰，不肯蹈袭，其间乃有绝佳者”。书中强调了“自撰”二字，这就是山歌最大的特征。明清之际，曾有不少诗歌、文章称赞壮族歌圩盛况：“木棉飞絮是圩期，柳暗花明任所之。男女行歌同入市，听谁慧舌制新词。”

山歌体现了宜州劳动人民无穷的智慧。

山歌具有一挥而就、出口成章的特点，整齐严谨、朗朗上口的辞藻美和押韵美。名史家黄现璠认为，山歌“最擅长于譬喻和生动的描写，能给予唱者和听者极大的感动”。故清代闵叙说：“壮人生于深山其歌，……字皆土音，韵则天籁，译而通其意，殆亦工于词者。”

歌乡宜州，人人爱唱山歌，他们是歌唱家，他们是诗人；他们是歌唱家与诗人的统一体。

爱唱山歌的民族注定快乐长寿。

蓝祥就是唱山歌唱得开心，才活成了老神仙的。还有人说，蓝祥采红兰仙草酿红兰酒，唱歌喝酒，快活似神仙。当地人喜欢唱歌喝酒，是他们本民族的豪爽性格所致。现代中医养生学称，喝低度的、少量的酒可以活血，有益健康。人们相聚餐饮的时候，必唱山歌。人们尽情唱山歌时，就很容易将体内的酒精散掉。因为人在唱歌或动脑时，可以加快机体的代谢功能。唱歌利肺，快速思索歌词也就是在快速创作，可加快脑细胞的活跃，血回流心脏的速度也跟着加快。适量饮酒，可以让身体产生大量的热量，成为构成人体活动的能源，成为唱歌的兴奋剂。

彭祖曾说，“酒为百药之长”。适量的酒可以扩张皮肤血管，起到医疗保健作用。酒还可以使人发汗，治“寒痰咳嗽”。酒还是一种良好的溶剂，能溶解许多难溶或不溶于水的物质，所以人们常用酒来浸泡中草药补酒。蓝祥当年泡制的红兰酒就是一种“长寿酒”。

当人们欢聚时，唱着体现高度智慧与敏捷的山歌，喝着美味的自酿红兰酒时，其实是相当于将快乐与健康长寿的元素相加在一起了，而得到的是数倍的快乐与长寿健康。

第三节　幸福安康：老有所养无顾虑，老有所医有保障

法国生物学家巴丰指出，哺乳动物的寿命约为生长期的5~7倍，这就是通称的巴丰寿命系数。人的生长期为20~25年，预计寿命可达100~175年。

目前，科学已经论证，根据正常的生物规律，人类寿命最短应该是100岁，最长是175岁，正常寿命应该是120岁。

健康长寿是小康社会的重要标志之一。人的寿命除了与环境、生活习惯相关之外，还跟什么关系密切呢？安定的社会环境、良好的经济基础是人类健康长寿的基本的条件。

新中国成立以来，特别是改革开放以来，宜州市经济快速发展。2012年，我们欣喜地看到：地区生产总值完成90.3亿元，增长5.8%，保持了经济总量平稳较快增长。全社会固定资产投资完成67.1亿元，增长32.2%。全部工业总产值完成64.7亿元，增长20.2%；其中，工业园区实现工业总产值25亿元，增长47%，实现工业增加值5.7亿元，增长29.5%。财政收入首次突破7亿元，增长16.6%。其中，税收收入完成5.91亿元，增长19.35%；一般预算收入3.61亿元，增长22.86%。非税收入比重下降到15.65%，财政收入质量明显提升。金融机构存款余额82.4亿元，增长14.8%；金融机构贷款余额49.5亿元，增长17.4%。农民人均纯收入达5775元，增长16.9%，高出全区平均水平675元；城镇居民人均可支配收入达18327元，增长10.4%。农民养蚕和种蔗收入分别达到17.41亿元、8.64亿元。桑蚕业继续保持全国、全区第一，农业优势产业进一步壮大。宜州市在科学发展、加快转变经济发展方式、建设桂西北

新型中等城市的道路上迈出了新的步伐。

宜州市着力保障和改善民生，全面完成10项惠民便民工程。以养老、失业、医疗、工伤、生育保险为核心的社会保障体系初步形成，“五险”参保人数达13.55万人。全面启动城乡居民社会养老保险试点工作，全市发放农村60岁以上老年人每月有基础养老金，每位百岁老人每月按时领取到300元长寿生活补贴金。城乡低保实现应保尽保，全年共发放最低生活保障金3100万元，惠及城乡困难群众6.22万人，覆盖率位居河池市前列。进一步加大城乡医疗救助力度，提高救助资金的比例，有效解决了贫困人群的治病难问题。

一直以来，宜州市委、市人民政府高度重视发展老龄事业。

2013年以来，宜州市委、市人民政府加大工作力度，进一步完善设施，健全政策。积极完善了老年养老、医疗等优待政策。加强乡村医疗卫生服务一体化管理和乡村敬老院及农村“五保村”建设，全市16个乡镇均建有敬老院，全市210个行政村（社区）均建有村级卫生室。宜州市全面落实老年优待政策，持“老年优待证”老人可以免费乘坐市内公交车、免费入厕、就医免挂号费等。宜州市不断提高老人生活保障，60岁以上老年人每月领取75元的基础养老金，百岁老人每月享受300元长寿生活补贴金，100%的贫困老年人都能获得政府的社会救助。加大基层老年协会规范化建设，以村（屯）老年协会为阵地，关爱空巢、留守老人。全市210个村（社区）建立了老年协会，其中有25个老年协会达到规范化建设标准，服务周边500位农村老人，受益总数达2万人以上。宜州市老年大学、老年学学会基础设施健全，为城区老年人提供老有所教、老有所学、老有所乐、老有所为的“长寿文化阵地”。不断完善的基础设施，不断健全的政策机制，为宜州的老人快乐养老提供了有力的保障。

拥有两千多年历史文化的宜州，是一个推进周礼的古城，宜州人一直奉行百事孝为先的美德传承，他们孝敬长辈，注重家庭和睦。

宜州的寿星大多与后辈子孙共同生活，儿孙们十分孝敬老人，在生活起居等方面给予老人悉心照料。在外工作的子孙，也经常抽空回家与老人拉拉家常，说说贴心话。一直以来，宜州都广泛开展敬老爱老活动，开展“敬老好儿女”、“孝亲敬老之星”评选表彰活动，开展“敬老文明号”创建活动，开展“敬老月”活动，寿星们受到社会的普遍尊重，每逢春节、中秋、重阳等传统节日，各级党政领导入村串户慰问老年人，为百岁老人发放慰问金和慰问品，在“九九”重阳节，村民们为老人庆祝节日，有钱的出钱，有力的出力，使老人们感受到生活在当今社会的幸福，感受到党和政府对老人的关怀，从而心情舒畅，安度晚年。

画面一：

2013年，六月艳阳似火，红日溶金，人心如金灿灿的果子，享受着阳光的爱抚。6月24日，烈日炎炎，宜州市委书记黄平权深入刘三姐乡走访慰问老党员、老干部，为他们送上党的关怀和节日祝福。

在良村，黄平权书记看望了近九十岁高龄的老党员覃建业。书记拉着老人家的手，代表宜州市委对老人为党和国家作出的贡献表示感谢，并祝福老人健康长寿。黄平权说：“今年是建党92周年，‘七一’马上就要到了，我代表市委、市人民政府来看望大家，对你们曾经为党的革命事业和改革发展作出的贡献表示真诚的感谢。同时也感谢你们对我们这些后辈的培养、爱护。”说话间，黄平权为老人送上了慰问金及慰问品。

黄书记与老人促膝畅谈，老人说：“书记你来看我，我很高兴。我是一个老党，我想和你说说咱们村开展清洁乡村活动，我的一些想法哩。”

老人说，他们一些老党员们想组织老年党员自愿清洁队……

黄书记边听边微笑点头……

老人依依不舍地送黄平权书记出村，一路走，一路拉着他的手舍不得放开……

黄书记意味深长对大家说，老党员是我们党的宝贵财富，各级党组织一定要关心他们的生产生活，帮助解决实际困难，让他们有一个幸福的生活。

在刘三姐乡岩田村泵口屯，困难老党员近七十岁的覃善元家里，黄平权给他送上慰问金，与他亲切交谈，详细了解老人家的身体和生活情况，一起回顾党的光辉历程，畅谈全市经济社会的发展。

市委书记黄平权和蔼地说："今天我们来，是代表市委在'七一'之前，慰问老党员，感谢覃老您长期以来为我们党委、政府做了大量的工作。"

老党员覃善元说："我们老同志要在有生之年多为党，多为人民做点力所能及的事。"

市委书记黄平权："对，您这个境界非常好，平时协助点老党（村党总支书记），把好的经验传授给他，他再把得到的新的信息、上级新的要求传达给您，共同商量，把村里的工作做好。"

画面二：

"七一"前夕，当锤头和镰刀紧紧拥抱着我们土地的时候，我们收获太阳下面最金黄的微笑……

6月26日，宜州市市长周飞到了庆远镇燕山社区76岁的老党员谢崇彪家里，周飞亲切地询问："老人家，家庭里几口人？生活有没有什么困难？身体还好吗？"

老人笑着说："市长放心，生活没什么困难。我身体硬朗着呢，我闲不住，还经常帮做生意的儿子守摊铺呐。"

周市长拍拍老人家的手背，欣慰地说："好啊，好啊，老人家多活动一点对身体有益，做一些力所能及的事，日子过得更充实哟。"

周市长说：“‘七一’准备到了，我代表市委、市政府，向您老人家表达节日的问候，祝您老人家身体健康、生活幸福、安享晚年。”

周市长又来到沙岭社区老党员黄义明家里。当周市长了解到黄义明身患腰椎间盘突出症走路不便，正多方寻医问药的时候，周飞市长叮嘱老人一定要多保重身体，科学治疗，争取早日康复。周市长还关切地询问黄义明家庭成员情况、收入情况，有什么困难需要政府帮忙解决。临走时，周飞再三嘱咐陪同人员，要切实关注老党员、老前辈们的身体健康和生活状况，努力为他们解决生活上的困难，让他们度过一个美好、安详的晚年。

画面三：

在宜州公共汽车8路车上，一位刚上车的妇女一手抱着幼儿，一手提着沉重的提篮，正在找座位，这时，一位年轻小伙子和一位老大爷同时从座位上站了起来。

那位妇女和小伙子同时说：“老爹你坐你的，你起码有八十了吧？怎么能叫你让位呢？”

那位精神矍铄的老者爽朗地哈哈大笑起来：“你们看我像八十的啊？”

“对不起、对不起，不像，不像。”小伙子连忙说：“七十几了吧？看你老身体蛮好的啵。”

那位老者笑眯了眼：“小伙子，你看走眼喽，我今年刚满一百岁了。”

“哇！一百岁？”车上的人沸腾起来，纷纷站起来看新鲜。

“哎呀，老寿星，您一百岁看上去最多八十多一点呢。”

“老寿星，您赶街呀？”“你真的有一百岁了呀？”人们七嘴八舌。

“给你们看我的身份证。”老寿星拿出身份证，一个人认真地读着：“姓名：陈世英；性别：男；民族：壮；出生：1913年6月21日；住址：广西宜州市德胜镇都街村九枧屯。”老人翻了身份证另一面，自豪地说：“看，中华人民共和国居民身份证；发证机关：宜州市公安局。”老寿星指着身份证左上角说：“看清楚咯，这里有红红的国徽。”

老人在人们的惊叹声中，高兴地说：“我刚才去市政大楼对面的银行领了卡里的300元长寿生活补贴金，现在我去给曾孙买书包，顺便卖我自己刚酿的米酒，开春我曾孙就读一年级了，呵呵。”

大家一听老人要去卖米酒，来了兴致，你一勺我一勺地尝，连连说好喝。人们倒掉了矿泉水瓶子里的水，你一瓶我一瓶，一下子就把米酒分光了。老人非常高兴，叫大家哪天去他家里玩，保证让大家不醉不归。人们纷纷要跟老寿星握手，还有人拍了照发微博。车子载满热闹欢乐。

画面四：

家住宜州市龙江社区公园西路137号的汉族妇女陆任勤，出生于1911年8月8日，在她的户籍登记文化程度一栏写着“文盲”。出生于清末的贫苦家女孩，没能读书是很寻常的事。但是，陆任勤老寿星可不承认“文盲”这个文化程度，她说她的学历是“大学”。

出生于清末的贫苦家女孩怎么可能是“大学”学历呢？

“大学是我的后学历啊，现在不是大把人在职进修嘛？我就是进修大学了。”陆任勤老寿星自豪地说：“我是宜州市老年大学的。”

她喜欢看书看报，手上拿着刚刚出版的《宜州文学》，毫不客气地批评道：“你看，旁边留那么多空白干什么咧？多浪费纸啊。”

她是一个非常节俭的老人，平时家里聚餐，收集餐桌上的空啤酒瓶是她一大乐趣。她说一个空啤酒瓶如果直接卖给上门收废旧的，只能卖一毛钱，如果自己去废旧收购站卖，可以卖得一毛五分钱，一个多得五分钱，十个就是五毛，五毛钱可以去菜市场买得一把葱花啦。所以，只要不是雨天，她就常常拎了一袋子空啤酒瓶去废旧收购站。

废旧收购站的人看见这位百岁老者来卖空啤酒瓶，都觉得挺喜气的，直接给她一块钱。可陆任勤老人坚决不收。她说：“买卖要公平，我可不能因为年纪大就占人家小便宜，老天在头上看见的咧！”

长慈幼孝，其乐融融；故土难离，身远心近。

德胜镇居民莫广琼，悉心照顾百岁老祖母莫润想的事迹被传为佳话，说到孝心，认识莫广琼的人都会竖起大拇指，夸她是这方面的楷模，2012年她被评为宜州市首届“孝亲敬老之星”。在外工作的子孙，也经常抽空回家与老人拉拉家常说说贴心话。居住在庆远镇江头社区现年106岁的罗佩珍老寿星不习惯大城市生活，百岁母亲说：“我就觉得宜州好住。”其女儿潘敏华就舍弃南宁优越的居住条件，回老家照顾老人家起居生活。福龙瑶族乡103岁的冉堂连老寿星更是82岁高龄儿子朱启仁的牵挂，儿子朱启仁退休后居住外地，多年来，儿子朱启仁坚持每天上午9点、下午3点准时跟母亲通电话，为母亲排解寂寞。

长期以来，宜州广泛开展敬老爱老活动，开展“敬老好儿女”、“孝亲敬老之星”及“敬老文明号”等评选表彰活动，寿星们受到社会的普遍尊重。每逢春节、中秋、重阳等传统节日，各级党政领导入村串户慰问老年人，为贫困老人、百岁老人发放慰问金和慰问品；“九·九”重阳节，村民们为老人庆祝节日，使老人亲切感受到新社会的幸福，感受到党和政府对老人的关心和爱戴。

这些美好的画面，就像一朵朵迎着春风而盛开的太阳花，艳丽、多姿、热情、奔放。

政府、社会、家庭的关爱，是宜州老人得以健康长寿的最重要原因。

第四节　夕阳无限：老有所为乐陶陶，追“梦”之路艳阳天

宜州，是歌仙、酒仙、寿仙的故乡，生活在这里的人们幸福快乐，这里的人们唱着山歌追太阳。

由于历史的局限性，封建王朝的政治再怎么清明，官吏再怎么亲民，帝王永远是主，老百姓永远是仆，所以，昔日的寿星蓝祥自然也就是一个“耕凿自安，不谙朝典”的山野老农。

俱往矣，看今朝的风流人物吧——

崭新的中国巨人傲然屹立于世界东方的时候，广大劳动人民当家做主。

在这个老百姓当家做主人的国家里，国家在每个人老百姓的心坎里……

据宜州有关文史资料记载，冉大姑（1873～1987年1月24日），乳名老梦，广西宜州市龙头乡龙田村板所屯人。1964年加入中国共产党。1978年，第五届全国人民代表大会第一次会议上，来自广西宜山县的人民代表、105岁的老模范冉大姑受到热情的问候。其先后担任过高级农业合作社副社长、党支部副书记、公社革委会副主任、县革委会常委、自治区革委会委员。曾被评为“县劳动模范标兵”、“积极分子”、“五好个人”、“先进生产者”、“劳动模范”共六次。被评为“（特邀）自治区积极分子”两次。她精神矍铄，满面春风，能吃能睡。104岁时不仅下田参加劳动，且养了三头大肥猪。108岁的时候还能步行30里到龙头街赶集，去买猪仔。

当地流传着这么一首山歌：

▲ 宜州寿星107岁的冉大姑代表出席全国五届人大会议

广西宜山冉大姑，家居山村美画图；
豆腐青菜家常饭，红兰米酒玉米糊；
天天劳动不知累，日日出工就是补；
口齿流利好歌手，爱唱山歌心情舒。

宜州寿星冉大姑，第五届全国人民代表大会代表，她的长寿秘诀就是——“为集体多劳动，活到老，干到老。”

医药学家孙思邈用“流水不腐，户枢不蠹”来比喻养生之道，提出“养性之道，常欲小劳”。“小劳”，就是适度体力劳动。

从传说中八百岁的彭祖，到现实生活中，远在清嘉庆年间146岁的“陆地神仙”蓝祥，以及生活在新中国的冉大姑，到新世纪涌现的数以万计的百岁寿星们，他们都有一个共同的特点，就是喜爱劳动。

宋代大文豪苏东坡归纳王公贵族日日进补却身体羸弱而命短，而山野农夫天天劳作缺衣少食却身强体健的原因，就是“王公贵人所以养其身者，岂不至哉？而其平居常苦于多疾。至于农夫小民，终岁劳苦，而未尝告疾，此其故何也？夫风霜雨露寒暑之变，此疾之所由生也。农夫小民，盛夏力作，而穷冬暴露，其筋骸之所冲犯，肌肤之所浸渍，经霜露而狎风雨，是故寒暑不能为之毒。今王公贵人，处于重屋之下，出则乘舆，风则袭裘，雨则御盖，凡所虑患之具，莫不备至。畏之太甚，而养之太过，小不如意，则寒暑入之矣。是以善养身者，使之能逸而能劳，步趋动作，使其四肢狃于寒暑之变，然后可以刚健强力，涉险而不伤”。

从这里我们可以看出，如果人们好吃懒做，就算天天进补灵丹仙药，也吃不出一个健康长寿的身体来。生命在于运动，运动与进补，双管齐下，事半功倍。现代人的生活越来越安逸少动，致使机体各系统的功能降低，免疫力下降，引起种种疾病的发生。运动是提高人体免疫力的方法之一。

盈缩之期，不但在天。人的寿命三分天注定（遗传基因），七分靠自己打造。人类长寿的钥匙在自己手中。许多长寿老人提出了“自找乐趣、学会忘却。”的长寿之法——忘却年龄，保持永远年轻；自找乐趣，即爱好广泛。

当今的宜州老人，是一群关心国家大事、“主人翁”意识强、老有所为的人。他们头脑里没有那个“老”字。他们认为自己是夕阳，还能继续映红天空，并且无比辉煌。

随着经济社会的快速发展，人民生活水平大幅提升，近年来，人们尤其是老人们生活质量不断提高，幸福指数逐年提升，为老年人长寿创造了物质、精神“双保障”。宜州宜人宜居，长寿老人多生活在风景如画、环境优雅的乡村，他们勤劳、节俭、乐观，邻里关系融洽，往往是一家有红白事，全村一起出动。村里的老人即使年事已高，也仍坚持做一些力所能及的家务或农活，大家在劳动的时候常常会开心唱山歌，老人们还组织了“夕阳红”文艺志愿者，农闲时走村进屯为乡民们演出，陶冶性情，老有所为。许多长寿老人还是当地山歌王，时与孙子、重孙们对山歌、传授山歌，参加市里举行的各类山歌比赛，尽享天伦之乐，实现人生价值。

画面一：

青山绿水间，蓝天白云下面，一排排整齐而崭新的社会主义新农村农家小楼。楼上悬挂着红灯笼，绿荫掩映下，人们走下楼，打开院门，大家拿着铁铲、撮箕、扫把等劳动工具，热热闹闹自觉地走向房前屋后、田间地头、街道河道，进行清洁家园、清洁水源、清洁田园，开展打造天蓝、地绿、水净洁美乡村活动……

村里的老党员时常自行组织清洁自愿队，带着几位精神矍铄的老人，清除着……

画面二：

“打开东门，送呀子送花来啰吔……”台上的彩调老艺人步法灵活地表演着宜州乡村舞台的彩调戏……每年一近腊月的时候，乡镇的文艺活动就多了起来，人们的心也跟着热了起来，有歌有舞的日子也如指天椒一般火辣、通红，红遍村村寨寨。宜州，是彩调窝。宜州文艺志愿者的乡村演出团队有一千多队，老年文艺团队就有一百多队，他们是“不老树”……

画面三：

宜州市多彩艺术团的组员是一群平均年龄超过半百的老大姐“辣妈”们，她们携宜州彩调歌舞《十月花》于2013年5月31日在北京中央电视台节目制作中心“星光影视园”参加了《舞蹈全民星》第三季的节目录制，成为广西赴央视录制该节目的首批团队。

这个艺术团老姐姐们个个是宜州市文艺志愿者协会的骨干，她们进社区、下农村，为广大群众演出，她们每天都“忙”而“快乐”着。5月31日这天，她们走进了中央电视台的演播大厅，打扮得青春靓丽，以最佳的朴实表演状态，浓郁的宜州地方民族特色和绚丽的民族服饰在央视的舞台上大放异彩，获得专家评委和观众的好评。中央电视台CCTV3于2013年11月5日晚10：30播出节目的时候，大家心里乐开了花。

画面四：

夜深人静，众人入梦。

书桌旁，一位精神焕发的白发老人在奋笔疾书……

这是宜州市作协里最老的一位文学爱好者在伏案创作。

向文忠，一位对家乡宜州充满着无比热爱与宣讲激情欲望的80岁高龄老者，正在进行十万字的“原汁原味”或者说是“原生态”的书稿创作《宣讲宜州激扬爱乡热情》。

生于宜州、长于宜州的他曾参与宜州第一部党史的撰写，堪称“老宜州”了。向老先生告诉我们，他就是要用“摆古”的手法，把宜州诞生两千一百年以来的名人、名胜、名趣、名饮活灵活现地“摆”在大家的眼前。比如新老“宜阳八景”、庆远的九街十八巷、北牙的多灵山、德胜的屏风山、三岔的龙珠洲；石秕趔、蓝志强、陈赞舜的传说，陈三叔的学见识，李育民买猪肉，牛高马大写家信等；庆远饮食交响曲、胜华章云吞、兰二嬢的凉拌粉、谢妹烧鸭、三岔吊烧、北山狗肉、德胜红兰酒、怀远马打滚等。他说，两千多年来，宜州文化富丽多姿，如果说，大家发现居住于外省、外县的宜州籍人为何“甜水”这个地方的话，那么，上面提到的这些绝对是重要的原因之一。

这是一位努力去激发人们热爱宜州、建设家乡的热情老人。

画面五：

梁美新，一位百岁老歌王，出生于宣统二年，是一位乐观开朗，爱喝山歌、爱旅游的老人。她带出了广西最年轻的山歌王——她的外孙女潘红梅。

她住在风景秀丽的刘三姐乡社会主义新农村马山塘屯壮古佬景区内，赡养她的是这个景区的公司董事长兼总经理，就是她能干的外孙女潘红梅。丰衣足食的老人却是一个勤劳的人，她平时喜欢到菜地里弄弄菜地，到院子里喂喂鸡，一刻也闲不住。

这是位性格外向的老人，一见到外孙女潘红梅就嚷着要外孙女带她出去旅游。

“大妹呀，你说带我去旅游，怎么还不去咧？”

“老太啊，你超过一百岁，人家不卖飞机票给咱们喽。”

于是，孝顺的外孙女潘红梅就开着越野车带老太走走祖国风景名胜地。

一开始，家里父母怕这位老太君身体吃不消，不同意她们外出。

风风火火的潘红梅就说：“老爸老妈，我看老太的身体比你们二老都还强，就让她去嘛。”

“是咧，人家冉大姑一百几岁都还去得北京，我怎么就去不了北海？”倔强好胜的梁老太一边自己整理行装，一边催外孙女潘红梅去发动车子。

第一次见到大海的梁老太兴奋得像个孩子，不由分说，换上一件大红色的游泳衣就直奔大海，惹得外孙女潘红梅一边追一边喊：“老太！老太！套泳圈——”

“龙江河里我从小就可以来回游，要什么泳圈嘛？”老太头也不回就往浪里扑。

黄昏，不知道被海水呛了多少回的梁老太却兴致不减，还想游。外孙女潘红梅担心近夜海水转凉，就带她到酒店的游泳池里继续过瘾。

在游泳池边上，不少游客听说她是一位百岁老人，纷纷跑过来看稀奇，她就得意地向大家介绍起来。

“我是宜州的，宜州有个刘三姐，你们知道吗？”

“是歌仙刘三姐吗？”有一个人说，“刘三姐不是桂林的吗？”

“刘三姐是宜州的！”老太明显有些急：“就是我那个村子的！不信你们到我们宜州去看嘛，我们那里的人个个会唱山歌——”

“老人家，您也会吗？”

“哈哈哈——我当然会！”老太当即指物索歌，让那些人一惊一乍，半天回不过神。

“和你们后生讲哈——”老太与大家的谈天，基本上是用山歌作答。

桂林山水甲天下，宜州山水美过它；
如今广西成歌海，广西宜州三姐家。

“喏——”老太指着在一旁一直咯咯笑不停的外孙女潘红梅，无比自豪地说：“她就是广西最年轻、最漂亮、最孝顺、最能干的山歌王！她就是我带出来的呢——”

不少人找她们签名、合影留念。

“听说刘三姐家乡的人，个个会唱山歌，是真的吗？”

“是真的。不信你们可以到宜州去看看呀，你们要是来了，就找我，我带你们到壮古佬景区听山歌。”红梅十分热情地向人们介绍她的家乡宜州。

老太也强调说，宜州人个个会唱山歌，哪天你们去宜州，个个都可以唱山歌给你们听，个个帮你们签名。

“是不是你们那里的人爱唱山歌就长寿？”人们饶有兴致的问。

“那当然啦，一唱山歌心就开，好比花开蜜蜂来。”红梅说，“中国最长寿的老人146岁的蓝祥，就是我们宜州人啊。”

回到宾馆，老太仍然沉浸在刚才的氛围里，忍不住炫耀道："看，我为宜州争光了吧？"

"争光了，争光了。"红梅乐呵呵地开玩笑说，"等回去我叫村长发个大红包你呐？"

"哪个同你讲钱？"老太急了。

"那你想要什么咧？"红梅笑道。

老太有些不好意思地说："叫村长发个奖状给我，我最爱，嘿嘿……"

在老人家的心中，荣耀重过金钱……

最绚丽的夕阳，是他们心中最美的梦想……

生活在这片土地上的人们，追梦的脚步如夸父逐日。

生活在这片土地上的老人们，追梦的脚步不甘落后。

不落后的脚步让生命更辉煌。

生活在这片土地上的长寿神仙蓝祥，他的生活习惯与饮食习惯，与今日科学食疗巧合，是他的福气、运气。今日的宜州出现了更多的百岁寿星，他们在社会保障的大前提下，除了有良好的生活习惯与饮食习惯，最重要的还是内因起作用。如果我们能够科学合理地养生，让人体远离疾病，延缓人体机能的衰老速度，我们就可以"制造"大量的寿星。"制造"寿星的关键，就是把一个人的身、心、智三种"长寿元素"一起激活，这便是长寿妙法诀窍。

第五节 当代蓝祥：颐养天年的85位宜州百岁人瑞

自古以来，中国老百姓在民间就流传着朝政清明、天地现瑞的说法。所以，时年142岁人瑞蓝祥的出现，被当时的人们认定是嘉庆帝惩治腐败、推行亲民政策的天地瑞相的显现。

俱往兮。

如今的政府是人民的政府，如今的主人是百姓自己，风流人物看当今的中国人民。

▲ 瑶族老寿星 李增英 摄

▲ 老当益壮田园乐，热爱劳动益康寿。　罗爱群　摄

▲ 在中国第一个村民自治委员会诞生地——宜州，人瑞正在积极参与投票选举。　韦炳华　摄

天增岁月人增寿。2013年，宜州的百岁老人已有73人。2014年，宜州的百岁老人已增加到85人。如此瑞相，不就是对当今宜州人艰苦卓绝、发奋进取所取得的伟大功绩的一种彰显吗?

在这里，蓝祥的故乡——85位百岁以上的老寿星们生活的这个叫作宜州的美丽神奇的地方，他们喜欢唱山歌，从牙牙学语的时候，就开始唱，一直唱到儿孙满堂，一直唱到五代同堂，一直唱到月升日落……

他们热爱劳动，不论是春夏秋冬，不论是年少年老，他们从没停下过活动。

他们生性善良，乐于助人，友善乡邻。

他们是豪爽壮古佬，喜欢用酒来酿造生命的传奇，一口见底是豪爽，取浅细斟为悠长。岁月在红兰酒里慢慢香。他们的饮食习惯，与天地长寿密码神奇地吻合在一起。

让我们看一看宜州部分“百岁寿星生活图”：

梁翠娥，108岁，女，壮族，生于1905年7月9日，祥贝乡祥贝社区拉光屯人。家住美丽河岸的寿星老人喜欢吃河鱼。吃不完的河鱼，她就放到炉子边上慢慢烤干，冬天的时候，就用这些香鱼干焖西红柿送玉米粥，每次她都可以喝满满一碗玉米粥。

那些西红柿是她自己种在菜园边的，是一种圆如葡萄、红艳艳的“袖珍”西红柿，比一般的西红柿要酸很多，这种西红柿所含的维生素C也比普通西红柿高出数倍。梁翠娥老人在103岁的时候还下田捡桑叶，现在她仍闲不住，经常侍弄菜园边的这些西红柿。

蒋秀珍，107岁，女，汉族，生于1910年10月2日，怀远镇怀远村吴家岭屯人。她是一个喜欢捡山边、田头地脚野菜来吃的老人。她说野菜吃了不上火。她还喜欢趁雨后，到玉米地里捡蘑菇。村里的人认识山野蘑菇品种最多的就是她，有时候有人在野地里捡到蘑菇不会识别有没有毒，就拿到她家来，让她帮认，每次她会非常热情认真帮认，还把识别的方法编成了山歌教大家，远近村民一下子就学会了不少方法。她总是喜欢自己的事情自己做，平时的衣服鞋袜都是自己洗。

韦桂月，106岁，女，壮族，生于1907年1月15日，德胜镇榄树村人。她家就在出产红兰酒的德胜镇不远的一个小山村，她喜欢每餐喝一小杯红兰酒。她100岁那年，德胜酒厂老总高钢武亲手为她在山洞封藏了一坛红兰酒，上面写着她的名字，说韦桂月老寿星的那坛酒她可以随时来取。

韦凤仙，105岁，女，壮族，生于1908年5月10日，德胜镇榄树村邓村屯人。这是一位非常喜欢唱山歌的老人。有一年，市里在大洋购物广场举办“三月三”山歌大赛，她坐了班车也赶来参赛。大家围着老寿星与她对了一首又一首山歌，最后，山歌学会会长还发了一个特别奖给她。她开心地说，要把这张奖状挂到墙上。

廖氏，105岁，女，壮族，生于1908年2月15日，家住德胜镇德胜信用社，在家劳动。

韦利珍，105岁，女，壮族，生于1908年3月4日，庆远镇畔塘村畔塘屯五组人。这位寿星是远近闻名的“养蚕能手”，没人看得出她是年纪过百的老人，因为每次蚕到五龄、六龄的时候，她经常半夜起床给蚕加桑叶。她家里比较富裕，有的子孙在外地当了小老板，多次和她说不要养蚕了，太累。她说：“不累，捡两张叶子能累到哪去？去年你们不给我养蚕，不给我动，害我生病拿药去钱还多，今年养蚕都没生过病啦。”

何美明，105岁，女，壮族，生于1908年12月1日，福龙乡波奉村加荣屯人。这位寿星是一位心地非常善良的老人，村里谁家生孩子办满月，她总喜欢去帮忙染红蛋；人们说她是长寿仙，谁家的孩子生病都喜欢来她家要米“沾福气”，每次她都乐呵呵地叫人家“多舀点，再多舀点”。

冉棠连，103岁，女，壮族，生于1910年1月15日，福龙乡龙拱村朝口屯人。人们说她是一个大善人，从没和村里谁吵过架。前两年，她挑自己种的芭蕉到集市上卖，叫别人尝的还多过卖的，别人高兴，她更开心。

莫润想，103岁，女，汉族，生于1910年6月5日，家住德胜镇德胜东路152号。她是一个诚实善良的老人，与邻里关系特别融洽，她包的粽子是远近闻名的，端午节的时候会包许多的粽子，叫孙子帮挑去街上，她来卖。大家都说她的粽子特别好吃——板栗她选最好的，绿豆也是精心挑去虫咬、霉变、瘪壳的，她放的五花肉是一大早赶街买上好的。有的人笑她傻，说别的摊主都是买下午卖剩的肉来做，便宜，你买早上的贵很多，太不划算啦。莫老太总是笑呵呵地说："卖那种东西给人家，我睡不着觉哩。"

罗佩珍，103岁，女，仫佬族，生于1910年6月27日，庆远镇江头社区江头二组人。她不但喜欢帮家里做一些力所能及的劳动，还常常帮忙邻居照顾孩子。社区的许多孩子都喜欢到她家里来玩，听她"摆古"。而唱山歌则是她长寿的秘诀之一。她从年轻唱到老，以唱山歌为乐。在她一百岁生日那天，她还一口气唱了一百多首山歌给原市志办主任莫瑞扬听。她兴致勃勃地唱着自己编的山歌："我两娘仔唱句歌，拗（试）看嗓子合不合；嗓子不合人莫笑，好比蜜蜂过山坡"，"不会唱歌我教你，你给几多师傅钱；你怕唱歌不要本，卖去南山一垌田"。

黄风新，103岁，女，壮族，生于1910年8月12日，德胜镇榄树村二合屯人。她是一个勤劳和善的老人，大家说她是一个心地特别好的人。有一次，村里有一户人家去赶集，那家的孩子把她妈妈卖鸭子得的几十块钱弄丢了，因为这是给家里老人抓药的钱，孩子怕被家里大人骂，就在街上哭，不敢回家。黄老太刚好也去赶街，见到同村的那孩子哭，问清情况，就把自己刚卖鸡得的钱给了那孩子，叫她和她妈妈快去抓药。她自己空着手回到家，和家里孩子们说明了情况，还乐呵呵道："风吹鸡蛋壳，财去人安乐。"

张振增，102岁，男，壮族，生于1911年1月12日，同德乡楞村廖哥屯人。这位老寿星八十多岁的时候还上山砍柴呢，后来，乡里封山育林，他才不去做这么重的活了。他说那时上山砍柴，有时候还能捉到山鸡哩，邻居的小娃儿啃着鸡腿说："好吃。"他就会笑开了花。

梁月轩，102岁，女，壮族，生于1911年2月8日，庆远镇畔塘村畔塘屯人。她平时吃饭就一碗，不管是过节有大鱼大肉，还是平时的萝卜酸菜，她不管饭菜丰简，都是一碗。她乐呵呵地讲："萝卜送红兰酒，照样甜。"到了春节，她的子子孙孙回到家里，好菜好饭一大桌，她也还是一杯红兰酒一碗饭，绝不过量。她说人吃太饱会变蠢。

何正云，102岁，女，壮族，生于1911年4月3日，怀远镇坪上村屯近屯人。她很会做八宝饭，远近乡邻都喜欢吃。但她说糯米不好消化，每次她只是做给左右邻里的人们吃，而她自己则吃玉米粥。大家说，你不吃你就不用做了，可她却说，我就爱看你们一大帮人吃，吃得那么甜，我就高兴。

张秀枝，102岁，女，壮族，生于1911年4月19日，石别镇石别社区大棒屯人，在家务农。

韦氏，102岁，女，壮族，生于1911年5月4日，屏南乡板纳村周同屯人。屏南乡山上有成片的枫树，山上枫树叶红了的时候，韦家阿奶就叫上隔壁年轻后生，和她一起上山采摘红叶。她的声音洪亮，站在村口喊一声，就会有一群人响应："想吃彩糯饭的跟阿奶摘叶子去了喂——"她带着一群姑娘、小伙们，到山上采摘红兰草、枫树叶做彩糯饭，因为再过几天就是做"社"的大日子，韦阿奶说，祭拜"社王"不能少了彩糯饭。这几年，韦阿奶虽然不再爬山，但她一到时节，保证记得做"社"大事，挨家挨户去叫大家采摘叶子做彩糯饭。大家都说，韦阿奶是村子里的"大事钟表"，到什么时节做什么事，她肯定第一个记得。她是把村子里大事小事装在心里的"有心人"。

谢家兰，102岁，男，壮族，生于1911年5月23日，洛西镇和平村屯利屯人，在家务农。

陆任勤，102岁，女，汉族，生于1911年8月8日，家住庆远镇龙江社区公园西路137号。她是一位替别人着想又节俭的老人。平时，她在家里做些简单的家务，有时喜欢步行去废旧站卖空酒瓶。天好的时候，她就上街买菜。如果遇到那些剩一两把葱花几个玉米的卖菜农民，她就会一股脑把剩下的都买下来。她说，这样那个卖菜人就可以不用守那么久的摊，可以马上回家，赶早一点回去吃饭，不用家里人等了。

练家盛，102岁，男，壮族，生于1911年10月1日，洛西镇枫木村枫木屯人，在家务农。

韦氏，102岁，女，壮族，生于1911年10月7日，石别镇拉并村里村屯人。石别盛产生姜，韦老太家就种了很多，一到生姜丰收的时候，除了自家吃，大部分拿到集市上去卖。有一次，一个柳州来石别街走亲戚的人买了韦阿奶的十斤生姜，多给了十元钱，她发现后，丢下摊子不管，满市场去找那个柳州人，找了大半天，终于在车站找到那人，还了十元钱。别人说她笨，到手的钱还还回去。她说："钱财用几久？名声背一世。"

欧德英，102岁，女，壮族，生于1911年11月12日，怀远镇怀远村牛鼻梁屯人。她喜听人唱山歌，一到街日子去赶街，就喜欢去听人家唱山歌，有时人家唱累了不唱，她就去买矿泉水请人家喝，说："我们还唱多一点吧。"她最喜欢买的东西就是山歌歌碟。这些碟子一般就是爱唱山歌的人自己简单录制的，每张十元左右。每到有歌会，她就会拿着她自己买的小录音机认真录音。当地政府每月发给她三百元，她的录音机就用这钱买的，她说花自己的钱很开心。

周识昌，103岁，男，汉族，生于1911年11月5日，家住庆远镇白龙社区红旗屯380号，在家务农。他是一个与人为善的老人，一百岁之前还下地耙田，现在负责放家里的一头水牛。有一次，他家的水牛与邻村的牛打架，两头牛都伤了，可他却叫家人买了一刀猪肉主动上门赔礼。乡邻不收，说："畜生又不懂事，以后我们各家自己多看紧一点自家的牛就得了。"他却说："畜生不懂，人不能不懂。我听见村上的人说，是我的牛先去追你家牛的，是我对你不起……"后来，有人说他傻，两家又没亲眼见谁家伤谁家的牛，何必自己跑去跟人家说哩。他就说："我不见总有人见，没有人见总还有天见吧？”别看他一百多岁了，讲起故事来可不含糊，有时一口气能讲十多个故事，邻里乡亲一空闲下来就喜欢凑到他跟前听他讲故事。

陈炳堂，101岁，男，壮族，生于1912年2月10日，家住庆远镇沙岭社区42号。他是一个勤劳的老人，前几年，家里养蚕，夜里年轻人睡得沉，他都会起床喂蚕。这几年家里人不许他过于操劳，他就放牛、喂鸡、捡猪草，做完一样又一样。就是看电视的时候，他还一边剥玉米籽。

梁万益，101岁，男，壮族，生于1912年2月15日，德胜镇楞村白山屯人。老人生活简朴，平时吃饭从不许孩子们剩饭菜。他说浪费粮食会挨雷劈。

韦佩群，101岁，男，壮族，生于1912年3月25日，屏南乡平南社区宜南屯人。他也是一个生活简朴的老人，外出打工的孩子们寄钱给他，他总不舍得用。他说：“我是领政府工资（指政府每月发给百岁老人的300元补助金）的人，钱够用，大把。”

张凤姣，101岁，女，汉族，生于1912年4月17日，家住庆远镇沙岭社区大沙岭4—5组47号。这位老人是远近闻名的大善人，村子里有的女孩子早早辍学，她就去找人家父母求情，叫送孩子念书。她说：“读书才识理，才有出息。”

梁群仙，101岁，女，仫佬族，生于1912年4月35日，庆远镇白龙社区坪心屯人。

何秀群，101岁，女，壮族，生于1912年7月12日，家住庆远镇解放路53号。这位老人很“麻辣”，她喜欢旅游、上网、唱彩调。前几年去北海，她还穿泳衣照了好几张相，发微博，听说“粉丝”还不少哩。今年10月份，市里成立彩调学会，她毛遂自荐打电话要求来参加。当时筹备会的人担心她年纪大，劝她不用来了，谁知开会那天，她精神抖擞地走进会场，还说：“我看见电梯门口写着三层以内请步行，呵呵，我是走上来的啵，那你们还说我身体不行不给我参加嘛？”大家都被这位倔强好胜的老人征服了。

覃凤美，101岁，女，壮族，生于1912年7月27日，家住庆远镇下维村板另屯17号。她有个非常好的习惯，吃饭细嚼慢咽。她说要多嚼几口，口水多了才一起咽，因为多咽口水不生病。

覃香菊，101岁，女，壮族，生于1912年10月5日，祥贝乡人。她不喜欢吃盐味太重的饭菜，说吃盐重了会眼睛蒙。她的视力特别好，穿针引线一点不比年轻人慢。

忠华妈，101岁，女，壮族，生于1912年10月15日，德胜镇赛平村应山屯人。她是村里老年艺术团里的一员，虽然这几年跳不动了，但她坚决不离团。每次村里演出文艺节目，她就负责拉幕，而且每次都是第一个到场。

黄琪，101岁，女，汉族，生于1912年10月18日，家住怀远镇上和街35号。她经常做一些小吃上到街上卖。特别是她做的炒年糕，大家都爱吃。别人问为什么她做的比别人做的好吃，她说："放料足，放糖，不要放糖精。放糖精会苦尾，掺籼米多了就没有嚼劲。一句话，做吃如做人，真的、不掺假就好。"

覃氏，101岁，女，壮族，生于1912年11月24日，家住庆远镇下维村拉举屯27号。她是一个平和的老人，讲话从来不急不躁，慢声细语；做事也不温不火，有条有理。有时候她看见别人争得面红耳赤的时候，就轻轻劝一句："气那么多干什么，急那么多做什么，你怕明天没有天嘛。"

甘秀英，101岁，女，汉族，生于1912年12月12日，家住庆远镇公园西路71号。她平时关注时事政治，喜欢看报纸、看书，视力很好。她还喜欢时不时到老年大学去和大家一起聊聊，什么房价、钓鱼岛、六坡水库等，从来都是一副兴致勃勃的样子。

林映月，101岁，女，汉族，生于1912年12月27日，家住庆远镇文昌社区共和路71号。她喜欢去中山公园找那些唱歌弹奏的老人们一起玩耍，回到家就帮忙做些家务，比如掰豆角、剥青豆什么的，总喜欢自己找点事情来做才开心。

卢美兰，100岁，女，壮族，生于1913年1月3日，家住祥贝乡古龙村柳洞屯9号。她每天起床第一件事就是喝水，但她不喝孙子们从外面买回的桶装水，就喝她们古龙河里的水。她说桶装水喝了头晕，还是自家门口河里的水甜。

兰美连，100岁，女，壮族，生于1913年2月3日，石别镇屯蒙村屯蒙屯人。她是个勤劳、心地善良的老人，有的时候邻居家的牛走失了，大家去找牛，回来晚了，她就早早煮好饭菜，热情地叫大家一起来她家吃。她平时总喜欢干活。

莫玉英，100岁，女，壮族，生于1913年2月6日，家住三岔镇白龙社区龙江路70号。她喜欢的食物是豆腐，一年四季她的饭桌不离豆腐。豆腐圆是她的最爱。她还喜欢吃豆腐焖鱼、豆腐拌折耳菜，还喜欢煮豆腐粥。煮粥的时候放一点碎肉末，捻碎豆腐，快熟的时候放一点葱姜，她说这个是她的“长寿粥”。

肖月香，100岁，女，壮族，生于1913年3月5日，家住洛西镇洛西街86号。她是一个生活很有规律的人，从不贪睡懒觉，也不会熬夜。有的时候第二天一早下大雨，其他人都躲在被窝里，她却说赖床最不好，醒了就要起。

覃秀娥，100岁，女，壮族，生于1913年4月2日，家住洛东乡寻田村寻田屯156号。洛东是个“彩调窝”，这里的大人孩子大多会喝彩调。覃老太就是一个“铁杆彩调迷”，每当乡里演出节目，她都会早早到来，占个前排的好位置。演员在上面唱，她就会在下面唱，逗得大伙哈哈笑，她也一起笑。

韦大明，100岁，男，壮族，生于1913年6月10日，屏南乡果立村甫村屯人。他平时帮家里做的活就是看牛，有时他见邻居放牛，就帮着一起看了。大家说他好心，他说他家早年日子苦，乡邻们没少帮衬他。他是一个知恩图报的人。

陈世英，100岁，男，壮族，生于1913年6月21日，德胜都街村九枧屯人。他一直和家里人下田干活，大家说你都一百岁了，干那么多干吗？他说难道人到了一百岁就要变废物了？谁规定一百岁的人就不让劳动了？“呵呵，你们不讲，我都不记得我一百岁了，哈哈。”

莫其芳，100岁，女，壮族，生于1913年7月10日，庆远镇围村鸡山屯人。她是一个喜欢热闹的人，经常和家里人聊天不算，每天还喜欢去串门聊天。她喜欢聊新鲜事儿，当人们有什么不太了解或想具体了解什么事情的时候就说：“哎，去问莫太奶啊。”

韦氏，100岁，女，壮族，生于1913年9月9日，屏南乡肯山村肯坝屯人。她是一个热心肠，是一个帮助了别人自己就开心的人。有一次，邻居想买某一种牌子的蚕药，刚好那天她上街，就托她买。可是，乡市场上那种牌子的卖完了，她就搭班车到宜州市里的大市场买。买回来以后，乡邻奇怪在问：“他们去赶街的都说没这个牌子的了，你怎么买得咧？”韦太奶就得意地笑，说：“那你以后要买什么牌子的，还叫我呗。嘿嘿。”

覃光枝，100岁，女，汉族，生于1913年9月13日，龙头乡龙田村地沟屯人。她在饮食上粗细搭配，既喜欢喝玉米粥、吃红薯，也喜欢吃米饭，但她喜欢吃一种放了南瓜一起煮的饭。她在后园菜地种了许多菜，吃不完就拿到市场上去卖，见到了熟人就你一个冬瓜他几个茄子地分给人家，然后说：“反正吃不完，你们自己去我菜地要啊，大把……”

覃启星，100岁，男，良村人。如果人们见到他与他八十多岁的儿子，还会以为是兄弟呢，而且人们常常会弄错谁是父谁是子呢。他与儿子去河边砍竹子，编竹篓到街上卖，每次砍得最多的是他，挑得最多的也是他。每次赶街，他都会对儿子说：“挑不动就再放两个过来给我嘛。”

……

以上是宜州市蓝祥长寿文化研究会的同志收集的部分百岁老人的资料，据宜州市公安局、民政部门的有关数据显示，时至今日，宜州百岁以上老人已达到了85人。

蓝祥长寿文化研究会的同志到民政局有关部门了解关于今年新增百岁老

人的情况时，老年学会的一位同志告诉我们，负责该项工作的同志正在公安局进一步核查2013年12月份的数据。

我们拨通了那位同志的手机。

“我们是宜州市蓝祥长寿文化研究会的，想跟您了解一下我市今年百岁老人的情况……”“今年6月新增加的还有几个，具体名字记不得了……”

手机那头的声音是兴奋而肯定的。“现在，我和我们几位同志在公安局这边正在进一步核查呢。”

我爱刘三姐门前那条河，滔滔江水荡清波，蜿蜒曲折从青山流过，从青山哎流呀么流过，山因水而秀人因水而活，河里流淌着美丽的传说……歌因水而美人因歌而乐，歌里传诵着动人的故事，歌声唱出人生的欢乐……

“嗨，谁的手机响了？”

这首《我爱刘三姐门前那条河》是现任中国歌舞团独唱演员肖燕献给自己故乡的歌。她是从刘三姐家乡走出来的耀眼明星，她是我们宜州人的骄傲，人们喜欢用这首歌作为手机铃声。

我拿起手机，是罗姐打来的。

“我刚参加了一位百岁老人的庆贺百岁寿辰仪式。”电话那边的声音好兴奋，“你们现在不是正收集咱们宜州百岁老人的资料吗？哈哈，今天，又添了一位喔！”

“太好啦，宜州的寿星一天比一天多了！”旁边的人们都跟着高兴。

“这位百岁的唐平尧老先生，曾先后在宜州市三岔中学、怀远中学等学校任教，桃李满天下。”罗姐说，“在寿宴上，唐平尧老先生不戴眼镜仍能读得出《今日宜州》报上的文字……平时，自己到中山公园跟老友们聊天下棋娱乐呢。”

……

“我爱刘三姐门前那条河……河里流淌着美丽的传说……”手机铃声又响。

我一看，是摄影协会的李哥，“哎，李哥你好，今天又到哪里拍美景了？”我问。

“呵呵，我们协会的几个影友正在屏南乡采访一位百岁老人……她是一位热爱劳动的老人，现在正在剥辣椒呢，说等下炒给我们吃……怎么样？想不想一起过来尝尝寿星的手艺啊？呵呵……”

“好，好啊。哈哈——”

好，真好——

这时，市民政局老龄办同志又向蓝祥长寿文化研究会的同志提供了几位新增百岁老人的新材料，我们按捺不住兴奋，决定明天就采访他们！

可是，一天之内采访完这些分散在宜州东西南北各个乡镇的寿星，可不是一两个人就能完成的工作啊，咋办？

宣传部的领导鼓励我们：“要为成功找方法，不要为失败找理由。”宣传部为我们安排了车辆，我们就分成三个小组，分别去采访住在不同乡镇的长寿老人。

11月6日，那是一个风和日丽的早上，宜州市民政局的几位同志与蓝祥长寿文化研究会的几位同志开始走访几位新增的百岁老人。

在宜州市北山镇龙安村朝六屯，我们第一组的同志见到了百岁老人苏素珍，她是一位盲人，一位乐观的老人。

刚一踏进她家，就看见老人正在一边煮玉米粥，一边缝补衣服。

她麻利地摸索着将柴火凑进炉膛，又准确地揭开锅，将饭勺放入锅里慢慢地搅拌着玉米粥。一股热气升起，老人轻轻偏转脸，笑问：“有客人来嘛？坐咧——”

“苏阿奶你好，煮粥嘛？”带我们进村的老党说，“这里有几位市里来的同志来看你咯。”

我充满了好奇，因为一路上就听老龄办的同志告诉我，老人苏素珍自幼双目失明，32岁时才嫁给时年52岁的丈夫，再过几天就是老人的生日了。而我眼前的这位老人哪里像个盲人呢？她是那么准确地烧火、搅拌粥，还准确地从一个酸罐子里夹出萝卜酸来，笑呵呵地拿小凳子让大家坐。

我忍不住惴惴地问："苏阿奶，您生活还方便吗？"问完这话，我心里有一丝酸酸的难过。

谁知她却爽朗地大笑起来："哪有什么不方便？我可不比哪个差咧，有的时候夜了从地里回来，过那些沟啊什么的，明眼人有些还挨跌，我都没有事咯。"

老人一直和我们说说笑笑，还让我们尝她腌的萝卜酸，让我们喝粥，要留我们吃饭，说她马上杀鸡。

我们说还要去拜访其他的几位百岁老人，就不吃饭了。

老人就让我们多喝几碗玉米粥，就酸萝卜。

说起"酸"，那可是我们宜州人的一种长寿小吃。

酸有萝卜酸、豆角酸、黄瓜酸等各种蔬菜酸，还有梨子、木瓜、李子等各种水果酸，还有凤爪酸（以鸡、鸭爪为主）等。无论是蔬菜酸或是水果酸，经过酸水浸泡，就变成了开胃小吃，可以消食。而鸡、鸭爪制成的凤爪酸，也变成酸爽可口的消食小吃了。

她乐呵呵地说，不知道我们来，因为她平时不喜欢吃油腻肉类，总是玉米粥就酸萝卜，所以家里都没准备什么菜。

青菜萝卜玉米粥，我们和这位盲者百岁老人一边吃一边聊，大家兴高采烈。

她说，她的女儿们出嫁了，女儿的孩子都有孩子了，可她的儿子还是一个人，如果要是能快点娶个媳妇回来就好了。

"这几年日子好过了，儿子一个人在外面打工蛮得钱的，他寄给我的钱我都帮他存起来，我自己能做活，能自理，政府每个月给我300块钱养老。"老人充满了憧憬，"等儿子回来我们也准备起新房，到时进新房你们要来吃酒啵！”

一位百岁老人，一位双目失明的百岁老人，她的乐观让我们大家都佩服不已。

谁说不是呢？心比眼睛看得远。

这天，我们这一组还同时拜访了另外两位百岁老人。

在北山镇梅洞村岩口屯，我们第二组的同志说在村口遇到百岁老人黄月英时，她正在菜地里侍弄菜地，听说大家是来看她的，又多摘了好几棵菜，要留我们吃饭……

但她却不好意地说，饭要现煮，这锅里的玉米粥是三天前的，已经酸了，怕我们吃不惯。

我们问她，平常都是吃这酸玉米粥吗？

“不会拉肚子吗？”

“我们吃这种酸玉米粥都吃了一百多年了，呵呵。”老人说，“村里人也都是这样吃啊。”

我们一同去的一位同志也说，他老家福龙乡下，也都是这样吃，没事呀。

“说不定这酸玉米粥就是一种长寿食品呢。”

后来，我们请教营养学者。他们分析，酸玉米粥放在特制的铁锅中，经过发酵，产生了一种有机酶，可以形成益生菌，有利于人体肠道消化。换句话说，酸玉米粥就变成了“长寿粥”。

我们好奇地猜测：“那以后我们就把粥放酸、放馊了再吃？”

“那不行！”营养学者严肃地反对。因为环境、气候不同，所产生的有益菌与有害菌就不一样。我们把粥放酸放馊了，那是食物变质，不可再食，而当地百姓家里的酸玉米粥，是物体发酵产生的益生菌造成的，是“长寿粥”。

我向外地朋友炫耀这那种神奇的“长寿酸粥”时，大家都十分向往。

问：怎样才能吃到那种神奇的“长寿酸粥”？

答：到长寿地——宜州来呀！

呵呵，宜州长寿食品何止这一碗粥啊！

我们去访德胜101岁的陈世英老人时，他的曾孙说太公出去挑柴去了。在我们吃惊的目光中，老人还真的扛着一大捆柴过来了。天呀，一位百岁老人扛着一大捆柴火健步如飞，太让人惊叹了。老人刚想放下柴火，我们的一位同志说："老爹老爹，让我照张相先！"

陈世英老人乐了："这有什么稀奇啰？我哪天不做活嘛？你要照相啊，恐怕电池不够喔，哈哈哈——"

"老人家，你做一点家务就行了嘛，哪用做那么重的活呢？"我们的一位同志关心地说。

"都喊他不做了，他自己要做。"他家媳妇笑着说。

"呵呵，"老人拍拍身上的土说，"不做活我腰痛。"

老人的一句话，把大家逗乐了。

第二组的领队打来了电话，他们这一组现在到了住在北山镇梅洞村梅洞屯78号的陈玉英老人家。前两天老人刚过完百岁生日，见到他们来时，她正拿了一盆谷子喂鸡，老人手脚麻利，还要捉鸡做菜，留他们吃午饭呢。

第三组的领队也打来了电话，他们见到了住北牙瑶族乡保民社区林借屯的韦玉春老人。老人的胃口好，从不挑食。他们来到她家时，她正好忙完家务。她是一位健谈的老人，和大家聊起最近村里搞"美丽北牙，清洁乡村"的事，她积极性极高地告诉他们，她也想报名参加保洁工作，就是不知道村委要不要她，大家都被逗乐了。当时小马同志递了一盒牛奶给她，她就香甜地喝了起来，不一会儿，就喝完了。问她还喝不喝，她开心地说："喝，大家一起喝才甜。"他们说，这是一位像蓝祥那样"饮啖过人"的老人呢。

黄昏的时候，我们第一组的同志在北牙乡敬老院见到了住在这里的104岁的老人兰绍心。他没有子女，一日三餐都在敬老院解决，胃口非常好，身体也十分健康。见到大家，他非常高兴。他称我们为"仔"为"女"。这里的乡干部说，老人说共产党就是他的大恩人，有了共产党，他才有一个这么好的“家”，他才能在政府的照顾下活了一百多岁，他说他要超过146岁呢。他笑着说：“我到146岁就和蓝祥并列第一了啵。”当时大家都开心地祝福他：“超过蓝祥。”他哈哈大笑：“哎——不是吹牛皮，我超过蓝祥又有什么稀奇？现在我生活样样不愁，我比蓝祥幸运多了，超过他还不容易？我有信心啵！”

“仔啊，女啊，这里有吃有穿，过年过节又来看我，我太高兴咯。”老人拉着我们的手：“我虽然没有一儿半女，但你们一帮一帮的人来看我，照顾我这么周到，就像我亲生的子女一样。你们一次次来的人我都不记得，但都同我子女一样咯。”

“孝敬老人是我们应该做的。”

“我去年都还参加市里的迎春山歌比赛，没发挥好，才得了鼓励奖。今年市里还搞咩？”

“山歌赛年年搞啊，今年当然也搞啦。”

老人极认真地说：“那记得到时讲一声给我听，我今年要早点报名。”

“好，到时一定早点告诉你，给你早早准备，争取得冠军噢！”

这位有信心寿元超过蓝祥的幸福老人。

这位有决心参加山歌比赛得个第一的开心老人。

这位没有亲生子女却在政府的养老院里享受喜乐无忧、健康幸福的生活的百岁老人并不孤独，但他的子女是我们每一个人，他的子女数不清，他的欢乐享不尽……

今天，我们见到了几位百岁老人，他们每一位都那么达观而勤劳、幸福又快乐。而那些故去的百岁月老人，大都无病无痛，自然终了。我们在村子里听到一些关于他们善终的神奇而真实的故事……

故事一：

宜州市石别镇永定村的百岁老人兰氏前两年过世的时候，全村人都去送她。据当地人说，她去世前一天的上午还在河边洗衣服，还和大伙聊天。那天上午，她不光洗了自己的衣服，还洗了家里所有人的。她把衣服晾了一院子，晾晒完衣服，就到镇上买了瓶新的洗发水和沐浴露。她对那个小卖部的售货员说："一辈子也没用过这种洋货，这回也用一下……"她回到家里就烧水，洗头发，洗凉，还叫孙子帮她从柜子里翻出一套新衣、新裤。

孙子还纳闷地问："不过年，不走亲戚，阿奶你换那么新做什么咧？"

"试试嘛，你们过年买给我，我都还没有舍得穿哩。"她说，"夜了的时候，记得叫你妈收衣服喔。"

"夜了的时候，记得叫你妈收衣服"，就是老人临终最后的一句话。

说完那句话并穿戴整齐一新的向老太觉得有些困乏瞌睡，回到房间躺在床上就永远地进入了梦乡……

家里人说，老太一生勤劳，临走都还洗干净家里所有衣物……

人们说，莫非老人家觉察到什么了？也许吧，百岁人瑞，近乎于神。当地老人们这样说并这样猜想。

故事二：

洛西镇祥北村的韦氏，她临终的前一个星期就开始念叨这段时候特别想念亲人，让儿子把在外打工的两个孙子、在南宁读大学的一个孙女，还有已经远嫁湖南的大女儿，甚至侄子、侄女、叔伯、婶婶等亲戚统统叫回来，她要和大家一起吃餐饭。

孝顺的家人们纷纷赶回……

就在饭桌上，老人与全家乐呵呵地吃完了最后一餐饭——当大家吃完饭后，有的看电视、有的做家务，却发现平时总喜欢帮忙洗碗、扫地做家务的老人却一直坐着没动，原来，老人家已经安详地走了……

故事三：

还有的百岁老人是半夜睡觉直接就过世了的……

德胜镇的廖氏，过世的当天晚饭后还到邻里去串门聊天，回到家里，身体也无不适，半夜睡觉直接睡着过世了。

早上，家里人没发现她起床，她的儿子就和媳妇说：“妈还没去喂鸡吗？”

“今天天气凉快，可能妈觉得好睡吧，别去吵她吧。”媳妇边喂蚕边说。

又过了一会儿，她儿子说：“不对呀，以前妈从来没有睡过懒觉了呀——”

轻轻叫了几次门，没人答应，他们走进房门，发现老人已经永远地睡着了……

宜州的百岁老人们，无论生者，无论故者，他们的人生都充满了安祥二字……

故者已矣，我们思而不悲。

生者福寿，我们乐而常欢。

一年又一年，白驹过隙。

天增岁月人增寿。

第七篇　美酒延寿

人勤春早天地阔

▲ 德胜酒文化

第一节　天地造化：神奇红兰草，德胜酒飘香

第二节　玉液琼浆："人言德胜酒，色夺洞庭绿"

第三节　酒厂新姿：酿造醇美好生活

德胜酒香，山歌情长。

德胜是历史古镇，独特的自然环境让德胜成为酿酒的洞天福地。德胜红兰酒融合了山水精华与酒诗词、酒令、酒的典故和轶事、传说、酒文、酒段子等丰富多彩的酒文化。

德胜红兰酒的酿造工艺古朴独特、独具一格的用料和酿酒技术，是广西壮族劳动人民的智慧结晶。它蕴含着壮族传统长寿养生元素文化和科学技术基因，是一份极其宝贵的历史遗产。

第一节　天地造化：神奇红兰草，德胜酒飘香

话说当年红兰姑娘带着红兰美酒到了天上，吴刚与她交流酿酒经验，互相产生了好感，红兰姑娘得到玉皇大帝的赐婚嫁给了吴刚。他们结婚办喜酒宴请八方神仙，王母娘娘格外开恩，准许下界仙家也可以上天参加他们的婚宴，共品红兰美酒。众仙家都称赞太好喝，当时德胜的土地爷还带了一壶回到家乡。他为了能天天喝到红兰美酒，就在他管辖的德胜领地大大小小的山上林间的红兰草上淋了从天庭带回的红兰酒，从此，这德胜山林里的红兰草就沾上了仙气，酿出来的红兰酒特别甜。

说来也怪，别处的红兰草酿出的酒，口感的确比不上德胜这地方酿出的好喝。

当地的人们都说，这是土地爷用红兰仙子酿的红兰仙酒滋润过的缘故。

其实，德胜古镇的水土气候独具特色，山林风景秀丽，物产丰富。这里的气候特别适合红兰草生长，而这里的红兰草也是宜州境内最茂密的。红兰草在山林中受雨露滋润，吸九万大山的灵气，如深山中终日修炼的仙家。

岁月匆匆，寒来暑往，九万大山山脉之地峰峦跌宕，气势磅礴。春夏，这一株株绿油油、肥嫩的草叶上散发出阵阵幽香；而到了秋冬之季，这株神奇的小草就变成了绛紫色，远远望去，如一片片殷红火苗，烧得满山遍野成了火的海洋。当地人将它的叶子撸下来，洗净、搓揉后与当地盛产的大米一道酿出红兰酒。红兰酒甘甜可口，长期饮用，让人精力充沛，红光满面。

红兰草，又名山蓝、红兰、红蓝、紫蓝、红丝线。采摘后将其捣烂置开水中，片刻即见水中有红线状渗出物，稍久，水全部变成红色，故人称“红

丝线”。它被当地人称为“仙草”。

千百年来，各种医药典籍对它的非凡功效均有详细记载，如《本草纲目》、《道生八陆》、《神农本草经》等，称其甘、淡、凉，淡淡清香味，有消炎、清热解毒、利尿、清肺热止咳、散瘀、凉血止血、消肿止痛等功用。可治各种炎症，如尿道炎、妇科炎症、偏头痛、咽喉炎、乳腺炎、肺结核咯血、肺炎、粉刺等。民间多用于治疗毒蛇咬伤、中暑、扁桃体炎、伤风、气喘、小儿惊风、散瘀止血，还可用于治疗肺结核咯血、肺炎、糖尿病，外用治跌打损伤肿痛。它可以极大地提高人的免疫力，因而被人们称为“长寿仙草”。

事实上，除药用之外，聪明而勤劳的宜州古代劳动人民早已将红兰草广泛用于日常饮食中，如制成红兰糯饭、红兰馍、红兰酒等，又因红兰草性平味甘，人们还将红兰叶和老鸡、老鸭、排骨等食物一起烹饪，制成各种美味又滋补的佳肴。

其中特别要说的是红兰酒，中华民族自古以来就有将中药泡在酒中饮用的习俗。长期的实践证明，我们祖先这一创造性发明的确能更好地发挥中药的作用。这是什么道理呢？

现代科学研究证明，酒能使药中的成分便于人体吸收。酒还能疏通血脉，善于引导药物直达病所，提高疗效。《本草纲目》、《饮膳正要》、《金匮卷》、《千金方》等大量古籍对中药酒的制作方法和功效都作了详细的记载。

在明清以前，因生产工艺的局限性，只限于手工制作红兰酒，虽然其功效比不上今天的德胜红兰酒厂用先进的工艺酿出的酒效那么高，但生活在宜州这里的人世代长饮，出现长寿现象十分普遍，尤其是出了“华夏第一长寿仙翁”——146岁的蓝祥。

手工艺制作因素制约了红兰酒的普及和传播。所以，现代要想将祖先这份珍贵遗产传承下去，就必须对古老的工艺加以改进。

那么，能不能找到一种方法，制作出既能保留古老红兰酒功效又适合大众口味的红兰酒呢?

人类从来没有像今天这样关注自身健康与环境和谐发展的关系。绿色、环保、健康这些字眼早已深入人心，人们对酒的需求也渐渐转变成了绿色环保且带有养生保健功能。

在这样的大时代背景之下，为了更好地满足人们对高品质生活的追求，德胜酒人对传统的红兰酿造进行了系统的整理、调研，从配制到实验改进等一系列研究探索工作历经多年，终于日趋完美。

德胜红兰草，这神奇的植物经中国科学院广西植物研究所和江南大学食品检测中心检测，主要成分为紫蓝素（zilanine），化学名称紫蓝素。2003年7月，广西植物研究所已获得国家知识产权局批准紫蓝素化合物的制备方法及其用途的专利。紫蓝素有较强的抗乙型肝炎病毒，很强的抗氧化、抑制蛋白酪氨酸酯酶、抗糖尿病、降压降血脂、改善心功能等作用。各种医学和科研单位利用红兰草对人体健康和生育无不良影响的优点，将其开发成药物制剂和食品着色剂。

酿酒师利用红兰草酿酒，整理出了一套严格的德胜红兰酒生产工艺，提出了“红兰草收割讲季节，搓炒温度、水量、力度要均恒，曲、饭比例要合理，制成甜酒称重量，米酒比例、酒度要扣牢”的工艺要诀。尤其是大风光岩洞作为天然窖酒岩洞，使得德胜红兰酒的品质得到了前所未有的提升。

德胜是历史古镇，独特的自然环境让德胜成为酿酒的洞天福地。德胜红兰酒融合了山水精华与酒诗词、酒令、酒的典故和轶事、酒的传说、酒文、酒段子等丰富多彩的酒文化。古老的传说和文人墨客留下的诗词，让红兰酒的文化内涵厚重。

1982年5月，自治区政府用德胜红兰酒接待日本贵宾，得到了外宾的称赞。为此，自治区外事办公室致信酒厂表示感谢。由于红兰酒蕴含有广西壮族的传统文化，具有很强的民族性的特点，时任党中央总书记的胡耀邦视察广西时，在一次民族宴会上指名红兰酒为饮用酒。

1961年和1964年，红兰酒被评为“广西名酒”；1985年，红兰酒荣获“广西优质食品奖”；1991年，经国家民委、国家税务总局、中国人民银行、轻工业部批准，德胜红兰酒厂为全国少数民族用品定点生产企业；1993年，经宜州市人大会议审议通过，认定红兰酒为“宜州市市酒”；从2000年至今，红兰牌德胜酒连续10年荣获“广西名牌产品”称号；2009年12月，“红兰牌”商标被评为广西著名商标。企业现已通过ISO9001和HACCP认证。

让我们来看一看它的生产工艺。

德胜红兰酒以优质本地大糯米为原料，配以德胜特有的红兰草，采用本厂生产的小曲为糖化剂，糖化制成甜酒酿后，用本厂生产的50度米酒浸泡，封装于大风光山天然岩洞中，恒温贮存至少一年以上。德胜红兰酒以酒体呈天然红色、晶莹馥郁、香甜醇和著称。而德胜红兰酒有限责任公司是全国唯一一家红兰酒生产企业，在中国诸多酒种中独树一帜。

这一系列的独特工艺与酱香、浓香、清香、米香型白酒及黄酒生产工艺有很大不同，其中不仅有其独特的微生物菌系，而且在工序操作上也独具特点。

从三国到唐宋再到明清几经传承，红兰酒誉满华夏及至名闻海外。明清以来，德胜街一带出现了50多家大小不一的红兰酒作坊。民国年间，红兰酒曾远销京、津、港、穗及南洋群岛一带。其中以“黎义兴”和“邓隆昌”最为出名。1952年至1958年，经过整合与国营商店合股经营生产，1958年12月，由国家投资建立国营宜山县德胜红兰酒厂。2008年，组建宜州市德胜红兰酒业有限责任公司。公司继承了传统的红兰酒酿造技艺，经不断总结、完善和发展，公司掌握的酿酒工艺现已成为全国生产红兰酒的工艺典范。公司在调查研究的基础上，将传统的德胜红兰酒酿造技艺加以总结，建立集历史与技艺的酒文化展览室，加强了技艺传承人的培养，确保了这一历史悠久的手工技艺得到了有效的保护。2009年12月，“红兰牌”商标荣获“广西著名商标”称号。近年来，以德胜红兰酒、米香型德胜酒为主导产品的宜州市德胜红兰酒业有限责任公司一跃成为广西第二大酿酒生产企业，在规模、实力、设备、技术和人才方面都处于较为领先的地位，还是宜州市利税大户，为宜州的经济发展作出了重要贡献。

德胜红兰酒的酿造工艺古朴独特、独具一格的用料和酿酒技术，是广西壮族劳动人民的智慧结晶。它蕴含着壮族传统长寿养生元素文化和科学技术基因，是一份极其宝贵的历史遗产。

第二节　玉液琼浆：“人言德胜酒，色夺洞庭绿”

杯小乾坤大，壶中日月长。

一口见底是豪爽，取浅细斟为悠长。自有人类始，便有了酒这种神奇的液体。早在母系氏族社会，人们将采摘的野果堆在一起，发酵所得液体就是最原始的酒。酒的起源既古，其嗜好亦自古已然。

《周礼·天官酒正》中有记载：“辨三酒之物，一曰事酒，二曰昔酒，三曰清酒。”事酒，有事而饮；昔酒，无事而饮；清酒，礼地敬天而恭为上品，是神仙方可享用的玉液琼浆。

酒文化是中国传统文化的一部分，这种特殊的文化现象与特殊的养生文化现象相结合，成为长寿文化里不可分割的一部分。

歌仙、酒仙、寿仙的故乡宜州，歌不断，酒未干，喜欢高歌豪饮的民族，血液里有一种烈性的元素，一种至醇至诚的元素。

广西宜州德胜酒的酿制始于三国时期，唐宋初具雏形，兴于明清，当代则盛名海内外。

人们一般认为，德胜酒有三四百年的历史，那是从明末清初的成形期算起的，如果从它的雏形贞观年间算起，应该有千年的历史了。

德胜镇是宜州山水中一颗闪耀的明珠，境内的岜碰山高耸入云，海拔735米。整个德胜镇森林广袤，气候宜人，地属九万大山山脉。九万大山优质的地下矿泉水与当地的优势大米和神奇的红兰草，共同酿造了人间佳品德胜酒。这一带的人们自三国时起，就有酿酒习俗。时至唐贞观年间，德胜一带的家庭酒坊尤为风行。

那时，农业逐渐繁荣，由于受到朝廷文明教化思想的影响，这里的人们开始重视农业，加上良好的地理环境，人们种植五谷，牲具六畜，广泛栽种桑、麻、生姜。在酿酒业方面，已有零散的家庭手工艺生产，生活在这里的居民那时就已经能酿造上等好酒——“清酒”。

清酒起源于夏，兴盛于周，历秦汉，以至于唐宋，皆是以果粮蒸煮，加曲发酵，压榨而后酒出。当时的这种“清酒”，就是将上好的米上笼蒸熟，静置于席上散热，置于坛中，撒入酒饼，夏季次日便可有酒液渗出，清香甘甜；若是冬节，则需三五天的时日。当地人称为醪醴。不去滓酒曰醪糟，酒精成分甚少。它是“清酒”的原身。

可以说，清酒最早是中国人发明的，日本今日的清酒，最初的制造技术就是当年从中国引入的。但如今人们每每提及清酒，就会说，“日本清酒……”，不免令人感慨……

唐贞观年间，这种手工艺作坊已遍及江南与两广，日本曾于那时派遣唐使到中国学习清酒的制作技术。学成之后，日本广泛酿造清酒。不知道如今日本人在享用源自中华技术的清酒时，会不会有些许饮水思源的感恩情愫呢?

有，或者没有，清酒，就在那里。

面对“清酒”二字，应该想到“大唐中华”，应生出一种源头的归属感才对。

面对“清酒”二字，应该想到“中华清酒”，应生出一种源头的自豪感才对。

孟子曰：“大人者，不失其赤子之心者也。”

赤子之心，唯大英雄能本色。

如蝉脱壳，似蛹化蝶，红兰牌“中华清酒”秉承传统，惊艳出世。它是宜州市德胜红兰酒业有限责任公司近年来奉献于世人的一颗崭新的明珠。

德胜红兰酒业有限责任公司的主打产品是德胜酒。

“人言德胜酒，色夺洞庭绿；闻香十里远，开坛千人醉。”

郑献甫，19世纪中期岭南一带著名的文化人，清代集教育家、经学家和著作家于一身的“两粤才子、岭南宗师”，这样高度精妙评价德胜酒，将德胜酒灿烂纷繁的历史文化内涵如酿酒入坛一般浓缩概括在他的诗里。

据史料载，郑献甫（1801～1872年）原名存纻，字献甫，号小谷，又自号识字耕田夫、草衣山人。是清代经师、诗坛名人。父亲是乡村私塾教师。郑献甫生活俭朴，酷爱读书，手不释卷，博学强记。清嘉庆二十年（1815年），应童试，中秀才并考入州学。道光五年（1825年），中拨贡举人。道光十五年（1835年），第四次进京考试始中进士，任刑部主事。一年零二个月后，以双亲年老乞养为由，辞官回乡。郑献甫大半生在两广从事教学，被誉为“两粤宗师”。先后在广西德胜书院、庆江书院、榕湖书院、秀峰书院、象台书院、柳江书院、广东顺德凤山书院，广州越华书院等任主讲。郑献甫父亲是乡村私塾教师，受父亲影响，他从小苦读。长大后，他最大的嗜好还是读书，终日不释卷，博览强记。《十三经注疏》、《校勘记》，皆有评点。尤熟诸史。

郑献甫不仅勤奋好学，而且思维敏捷，才华横溢。他熟读四书五经，精通经史及文学艺术，还熟习民歌。他在德胜书院任教时，对宜山一带的山歌极为赞赏，惊叹民间百姓山歌所用比兴、比喻用词之妙，对歌者出歌之快，对山野黎民的智慧非常佩服。

清道光十九年（1839年），郑献甫到湖北任教。闲暇之时，他慕名来到当地黄鹤楼游玩，当时还有一群自诩为才子的江南秀才们也在楼上饮酒做对。这群秀才们看不起布履粗衫外地书生郑献甫，刁难他说，这是读书人才能来的地方，你想来这里除非也会吟诗作对。说着就想赶他下楼。

郑献甫说：“那我就试一试吧。”随即挥笔在楼壁题道：“一爬爬上黄鹤楼”。

那帮秀才一看，哄笑起来："这简直是小儿涂鸦，这也叫诗？哈哈哈。"

郑献甫也不分辩，任他们笑，继续写道："烟横沧海雁横秋。"秀才们看到这一句，马上停住了笑，顿时静了下来。

只见郑献甫毛笔蘸了一下墨汁，接着一口气写下了后两句："若非对面君山隔，望尽江南十二洲。"

那帮秀才顿时肃然起敬，大加佩服，赞不绝口。

这时，他的书童说："我家老爷是'斗酒诗百篇'的，如果他几杯德胜酒下肚，那还有更多好诗，能写满整个黄鹤楼呢。"

秀才们这才知道这就是从广西那"南蛮之地"来的郑献甫，再也没人敢小瞧"南越"之人，纷纷邀他入席。

郑献甫感叹："如果此时能有几斤德胜酒就更好了。"

一下子引起了秀才们好奇与兴致，问道："您说的德胜酒，什么个样子？到底有多好喝呀？"

郑献甫高声吟道："人言德胜酒，色夺洞庭绿。闻香十里远，开坛千人醉。"

秀才们不禁齐声称赞："真是人间佳酿啊！"纷纷说有机会一定要南下宜山尝尝德胜酒。

郑献甫热情地说："好哇，欢迎各位兄台到宜山，到时我一定请大家喝德胜酒！哈哈哈。"

郑献甫喜欢饮酒、读书、作诗，有时累了，就喝几口德胜酒。

他说德胜好喝，不光待客吃饭时喝，他自己平常也喜欢小酌。

他喝德胜酒有一个习惯，看书的时候喝几口，仿佛书香酒香一同品。

他对昏暗的现实非常不满，认为"高谈人之初，动语天之理。自圣而自贤，乃由南宋始。"他认为，宋儒对儒家经典的阐述与孔子的思想学说根本不是一回事，误人子弟，流弊极深。许多人往往不认真研读原著，领会先圣意旨，只知背诵朱熹《四书集注》一类，以之为金科玉律、万古不变的教条，他非常反对以八股时文为能事，主张更应培养有真才实学的人才。

在德胜书院的郑献甫，读圣贤书，品德胜酒，快意人生。

人觅好酒，好酒又何尝不是在寻觅一个懂酒之人！郑献甫是有“德”君子，刚直不阿。有“德”之人饮“德”酒。这事，有时候跟我们寻找伴侣组成家庭的意义是一样的。

“这个世界上最伟大且美妙的发明是什么？是酒。”

“这个世界上哪种人最可堪称真英雄？是懂酒之人，是会饮之人。”

酒是神发明的，人发现的。

德胜酒是千年岁月酿造的，德胜人是德胜酒的先祖。酒于德胜酿酒人来说，是他们亲亲的孩子。

红兰姑娘是酒仙，是酿造德胜红兰酒的第一位女神。

酒文化永远充满了一种醉人的元素……

这个故事令人感叹，所以说酒真的是一种奇妙的东西。

《小雅·宾之初筵》里把饮酒、醉酒的场面表现得很完整。

宾之初筵，温温其恭。
其未醉止，威仪反反。
曰既醉止，威仪幡幡。
舍其坐迁，屡舞仙仙。
其未醉止，威仪抑抑。
曰既醉止，威仪怭怭。
是曰既醉，不知其秩。

宴会刚一开始，人们温文尔雅、相互恭敬，仪表庄重，各自保持着一种小心谨慎。喝醉的时候，就现了原形了，离开座位，手舞足蹈。

《诗经》载：“八月剥枣，十月获稻。为此春酒，以介眉寿。”在秋天的原野上，金色的月亮挂在一碧如洗的蓝天上，月朗星稀的夜晚，所有稻田都变得像待嫁的新娘一般，幸福与沉醉。当男人们在满足的鼾声中，梦着割下第一缕稻穗的时候，女人们已挽着高高的袖子，挥动通红的手臂，在备柴、洗缸，她们凝神聚气，准备酿酒的一道道工序。

《诗经》里关于酒的诗，有祭祀、宴饮、婚姻爱情、个人生活等方面的丰富内容，反映出当时周代社会人们的生活状态习性，从中可以看出周人重视礼仪德行、尊祖敬老、渴望和谐生活与强烈的忧患意识和责任感。而宜州自古推行周礼，酿红兰酒、喝红兰酒，融入的全是真情。他们采摘的红兰绝不会自欺，一定会挑选上好无虫无枯的。他们酿酒时，所选的米也是上好的，仔细捡出霉变的。他们出酒时，是虔诚的——

第一杯敬天理地；第二杯敬献祖宗；第三杯敬家里最老的人。这第三杯敬给家里长者的酒，是一定要等长者喝过之后，其他小辈们才敢喝。因为当地流传这样的风俗讲法："不敬老，出酒少。"人们认为若不先敬老，就会受到上天的惩罚，以后再酿酒的话，出酒就会少，甚至滴酒全无。

饮酒在宜州人这里是幸福生活的标志，是孝道的表现。他们在酒的世界里酿造美妙而沉醉的天堂。喝第一杯酒的是有德天地，我相信这样的酒，千杯都是第一杯，有德亦胜，一个字，爽！人们相信，在喝德胜酒的时候，喝的是一种预先吉兆。

"喝德胜酒必得胜的意思是什么？"

"酒有德，喝酒的人应喝出酒德。"

"那就是有德才得胜。"

谁能拒绝这种美妙的液体呢？

所以，会喝酒的人，一定会去喝那种有"德"的酒。

人有德，酒亦有德。

人心对人心，那叫"真"，谓之"德"。

真的有德之酒是用来待真的亲朋兄弟的。否则，那围成一桌的人一定不是可以肝胆相照的兄弟，大家各怀心思，喝的不是真酒，吐的自然不是真情。那过程是一种煎熬，每个人都是在喝假酒、说假话、交假情，多么可怜、可悲又可笑啊。喝酒能扬脖子，一口一杯的号称“一口气协会”会长的韦兄说，这辈子只喝德胜酒，因为与他一起对饮的从来都是真正的朋友。“不是兄弟不聚桌。”他说。

人觅好酒，好酒觅人。

从古到今，在酒与人之间，一定要等到那性情中人，才是酒等到了知己；也一定要等到那有德之酒，才是人等到了知己。

喝德胜酒——

看人更清楚。

看人生更清楚。

看世界更清楚。

第三节　酒厂新姿：酿造醇美好生活

美酒延寿，人勤春早天地阔。红日高照，唱着山歌追太阳。

镜头一：

2013年6月13日，莺歌燕舞的初夏，暖阳照得德胜酒厂到处是一片勃勃生机。宜州市市委书记黄平权走进了德胜红兰酒业有限公司大门。来到企业厂区后，黄平权先后来到清酒、低度米香型白酒以及产品包装等生产车间，认真了解企业的生产经营、企业管理等情况。

公司年产10000吨清酒项目分两期实施，目前，第一期年产3000吨清酒，总投资5000万元的工程已顺利完工，并正式投入试运行，预计年将实现收入1亿元，上缴利税2000万元。当了解到上述情况的时候，黄平权感到十分欣慰。在与企业座谈中，黄平权说，近年来，德胜红兰酒业紧紧抓住市场机遇，开拓创新，锐意进取，率先实现产业转型升级，取得了良好的经济效益和社会效益，为全市经济发展作出了突出贡献。但是，目前企业在发展过程还是面临着土地使用、资金整合、产品结构不合理，市场占有率不高，企业文化缺乏等诸多的困难和问题。

总经理高钢武向他汇报了德胜红兰酒业有限公司的发展现状，特别是公司的产品结构、清酒生产线、土建工程、万头养猪场等情况。

黄平权指出，德胜红兰酒业清酒项目是全市的重点建设项目之一，相关职能部门要密切配合，从促进宜州经济社会又好又快发展的大局出发，积极为企业发展创造宽松、良好的外部环境。他强调，各级相关部门要通力协作，积极协调解决企业在项目建设过程中遇到的困难和问题，配合企业搞好项目建设；要充分利用区位、资源等优势，着力改善投资环境，优化软实力，不断提升工业企业的招商能力；要优化服务结构和质量，依法支持境内工业企业的发展，着力改善我市单一依靠农业发展的现状；企业要加大投入，不断进行技术改造和人才引进，提高市场竞争力，继续深化增量提质工作，加强产品质量管理，打造独特的企业文化，努力把德胜红兰酒业打造成为环保、高效、可持续发展的新型现代化企业，为宜州经济社会又好又快发展作出更大贡献。

酒醇情更浓。宜州党委的心牵着德胜酒人的心，公司的职工们对书记黄平权依依不舍……

镜头二：

春节刚过，人们的心情满是春的希冀……

2013年1月23日，广西“两会”期间，自治区人大代表、宜州市市长周飞做客《新华会客厅》，接受新华社记者专访。

主持人：这里是2013广西“两会”特别报道，我们为您邀请到的嘉宾是宜州市市长周飞。周市长您好。

周飞：主持人好。

主持人：周市长，请您先给我们介绍一下在过去的2012年宜州市经济社会发展的一个基本情况？

周飞：好的。去年是宜州市经济运行十分困难的一年，在2012年初我们就遭遇了龙江河突发环境事件，导致部分企业停工停产。2012年，我们的蔗糖产量下降达到历年最低。同时我们也面临着国内经济下行压力加大，导致企业经济效益下滑的困难。当时经过我们宜州市委、市政府和全市人民的共同努力，仍然实现了经济运行平稳较快发展。归结起来可以体现在三个方面：第一，产业基础得到进一步夯实。我们在2012年着力推进工业项目建设，有六个企业竣工投产，其中三个是缫丝企业，一个化工企业，一个甘蔗综合利用企业，还有一个是德胜酒业。

……

市长周飞接受新华社记者专访时，提到了德胜酒业。

宜州政府一直关怀、支持和扶持德胜红兰酒业，支持和帮助宜州企业迈出新步伐，实现新飞跃。

新世纪，新目标。在宜州政府的支持和扶持下，宜州市德胜红兰酒业有限责任公司年产10000万吨清酒项目第一期工程如期开工，标志着公司向清酒、白酒、红兰酒为主导的可持续发展新型现代企业的目标，又迈出了跨越性的一大步。

河池市提出“产业增量提质、民生保障提升、开发扶贫攻坚、城乡新貌新风、执行力提升”五大工程要求，推动产业转型升级，努力使产业向“高、新、增”方向发展，当这阵东风绿了河池的每一寸土地的时候，宜州的一隅——美丽的古城重镇德胜焕发新姿。德胜酒业人合着时代的节拍，大步向前飞奔，为家乡父老，为大江南北姐妹弟兄，为海外朋友，正在全力开拓创新，谱写长寿美酒铸造辉煌的宏伟篇章，风起云涌，气势如虹。

镜头三：

“人言德胜酒，色夺洞庭绿。闻香十里远，开坛千人醉。”多年以来，在党委、政府的正确和大力支持下，德胜酒业总经理高钢武率领公司员工与时俱进，改革创新，开拓出一条适合德胜红兰酒业的质量效益双丰收的可持续发展之路。最令人引以为豪的是，现任总经理高钢武1998年从旅游局局长的岗位毅然来到德胜酒业，在充分调研、掌握市场行情的基础上，得出了“健康第一的消费观念日渐深入人心，低度米酒将会被越来越多的消费者追捧，并将形成长期趋势”的结论，于是，他果断拍板研制22度德胜米酒。

此前，市场上瓶装白酒最低26度。德胜红兰酒业最先成功研发出22度德胜米酒，开中国最低度白酒之先河。创新创优，决战决胜。22度德胜米酒一上市即获广大消费者青睐，高品质低度酒的旗帜在硝烟弥漫、残酷竞争的市场上空高高飘扬，供不应求的好戏又一次上演。如果说茅台是中国高度白酒的代表，那么中国低度白酒的代表非德胜米酒莫属。高钢武等新一代德胜酒人，在千百年的德胜酒史上，新添了精彩的一笔浓墨。

镜头四：

重启红兰酒厂二次创业，实现“质量、市场、创新三步走目标”，改制后企业再创辉煌。

2008年12月，总经理高钢武在宜州市党委政府和有关上级部门支持下，成功地对国有宜州市德胜红兰酒厂进行改制，全部过程依法依规，全部兑现改制过程中应交纳的各种费用，安置好职工，使国家和职工利益得到保证。企业没有因改制而发生任何上访、闹事事件，职工思想稳定、生活稳定，为企业发展奠定了良好的体制基础。企业改制后以人为本，加强企业管理，提高产品质量，打造企业品牌，树立企业形象。即使在国际金融危机的冲击下，企业仍关心员工生活，团结和带领全体员工迎难而上，不但不减员，还增加安排30多名返乡农民工，不但不降工资，还每人每月增加200元以上的工资，全部给员工办理各种劳动保险。

科技创新在现代企业中占据着重要的地位。要实现企业的快速、稳定和健康发展，打造红兰牌德胜酒“百年品牌”，作为企业的决策者，高钢武站得高望得远，加大对企业的科技投入。公司每年投入科研经费超过了年销售收入的2%，每年用于技术改造的资金在年销售收入的10%以上。在国际金融危机的严峻形势下，公司开拓创新、逆势而上，大胆投入3000万元资金对改制后的企业进行厂房改造、技术进步和技术创新，购进现代白酒生产设备和包装设备五套，极大地提高了生产能力、劳动效率，并改善了劳动条件，降低了劳动强度。生产能力由原来的年产8000吨提高到16000吨，产能翻了一番，企业从2009年起取得了良好的成绩，一跃成为河池市同行业第一、广西同行业第二大白酒生产企业和宜州市第二大纳税企业，实现了跨越式发展。

树品牌，提高企业知名度，高钢武也有创新的点子。2011年，“中国德胜酒文化大型有奖征文”等系列活动举办得有声有色，社会反响强烈，既挖掘和抢救了德胜酒珍贵的历史文化，又弘扬了地方民族品牌，提高了红兰牌德胜酒产品的知名度和市场占有率。这一年，德胜红兰酒业年总产值超亿元，年销售额7370万元，年上税2275万元。

改革创新结下丰硕成果：1989年，公司被评为“广西壮族自治区先进企业”；1991年9月，被国家民委、国家税务总局、中国人民银行、轻工业部定为“全国少数民族用品定点生产企业”；“红兰酒”于1993年11月经宜州市人大审议通过指定为“宜州市市酒”；从2000年至今，“德胜酒”系列产品连续十年荣获“广西名牌产品”称号；企业现已通过ISO9001及HACCP认证；2009年，“红兰牌”德胜酒商标荣获“广西著名商标”称号；2011年，公司荣获河池市“农业产业化重点龙头企业”称号。

镜头五：

随着社会和经济的向前发展，人们生活水平的不断提高，对健康生活有了更多的追求，人们对酒类的消费观念逐渐向低度、营养、健康转变。公司适应新的市场需求，果断推出红兰牌“中华清酒”项目，打破传统经营观念，产品向健康的生活方式发展。可以预见，在未来几年内，将是清酒发展的黄金时期，因此，“中华清酒”销售领域广阔，前景看好。与此同时，“中华清酒”项目也填补了广西清酒市场空白。

德胜红兰酒业“中华清酒”项目总投资1.5亿，其中固定资产投资1.2亿元，流动资金3000万元。项目规模为年产10000吨，分两期进行：第一期投资5000万元，年产3000吨；第二期投资1亿元，年产7000吨。项目建成投产后，年新增工业产值33.81亿元，年实现利润4000万元，年增加地方税收6000万元，可提供140个就业岗位。

2012年9月，红兰牌“中华清酒”第一期3000吨项目开工建设，12月份试产成功。第一期完工投产后，年将实现收入1亿元，年平均税后利润1200万元，年各类税金为2000万元，可提供40个就业岗位。

目前，广西及周边省份尚无清酒生产企业，公司率先进行产业升级，市场潜力巨大。销售区域：第一步为广西区内市场，第二步为南方沿海地区，第三步为面向全国。在白酒行业竞争十分激烈的市场环境下，总经理高钢武按照河池市委、市政府提出的开创河池经济新形势的要求，努力使产业向“高、新、增”方向发展，抓住时机推出清酒项目，进一步把企业做大、做强。

天道酬勤，总经理高钢武提出公司发展具体目标，在“十二五”期间，投资1.5亿元，上年产10000吨的清酒项目，把德胜红兰酒业打造成环保、高效、可持续发展的新型现代化企业。到2015年，形成以清酒、白酒、红兰酒为主导产品，实现销售收入5亿元，年上缴税收突破1亿元，形成产业链，成为引领地方经济发展的龙头企业。

面对着高品质的“中华清酒”，总经理高钢武满怀信心地说，要把红兰酒业打造成环保、高效、可持续发展的新型现代化企业，实现企业跨越式的发展，为天下百姓酿造长寿美酒。

为天下百姓酿造长寿美酒，为让人人都如蓝祥那样长寿而奉献佳酿。在距离红兰酒厂不远的大风光山岩洞内，高钢武总经理封藏了很多坛陈年红兰酒，上面写着那些百岁老人们的名字，他说他们可以随时来取……

那些可是封藏了半个多世纪的红兰佳酿啊，谁不向往？

想喝吗？朋友——

我们有幸生活在当今美好的幸福时代，人人心中都有一个长寿梦，那就让咱们与蓝祥来个寿元比赛，当我们到了一百岁的那天，大家一起去红兰酒业取那写着咱们名字的洞藏红兰酒。

旭日东升宜州美　大鹏展翅又起飞；唱着山歌追太阳　中国梦就一起追。　莫耀平　摄

新时代就是一杯美酒，歌与酒的民族长乐安康。好生活就是一首首长寿的诗与歌，多情的土地生长不老的神树。勤劳而乐观、勇敢又善良的人们，世世代代谱写着龙江河两岸的伟大传奇，幸福绵长。

宜州风光好——

龙江猛，下枧柔，群山雄，峻岭莽。

醉美山河浩浩荡荡从岁月走过，走过历史的华章——

走出宜州人民最风光、最风华的步伐。

走出一个壮民族最壮观、最壮美的方阵。

走出“中华第一寿仙”的旷世神奇——天人合一。

宜州，两千年历史的蕴含与积淀，一个南国的长寿神话，一个壮乡的长寿传奇。今天，新时代的刘三姐们唱着山歌张开手臂，再聚集当今华夏最多、最广的人气与景气，不卑不亢，不躁不惊，以勤劳豁达和智慧善良，不管风吹浪打胜似闲庭信步，我们热切地表达着创新与发展的心声，刘三姐与蓝祥的后人们，阔步在新世纪的黎明……

“河池长寿地，三姐文化城”——刘三姐的后人们幸福长寿又健康，唱着山歌追太阳！

后　记

《自古宜州最宜人——刘三姐故乡蓝祥长寿文化现象》在广西壮族自治区、河池市领导的热切关怀下，在中共宜州市委、市人民政府的大力支持下，在中共宜州市委宣传部的直接领导下，经过编委会众多同志8个多月的努力，今天终于如笋破土，与广大读者见面了。

宜州不光是歌仙刘三姐的故乡，也是迄今中华史上最长寿老人146岁的蓝祥出生及一直生活的地方。

根据河池市人民政府同意宜州市申报“中国长寿之乡”的批复（河政函〔2013〕272号文），目前，宜州正进一步深入挖掘益寿资源，打造益寿品牌。

结合当前宜州历史悠久、人杰地灵、文化底蕴深厚的文化状况，以“宜州·中国长寿之乡”的研究、开发和利用为重点，探寻长寿现象，挖掘、研究蓝祥长寿文化，推出更多理论研究成果，加大这种成果的转化应用，放大宜州长寿的品牌，推动宜州利用优美生态、长寿产品、品质生活开展招商，发展服务业、旅游养生产业，真正做强做大长寿文化产业，将会极大地造福宜州人民。

而开发、打造、宣传长寿品牌，探寻长寿奥秘，挖掘这片土地上文化元素里的正能量，是宜州市蓝祥长寿文化研究会出于对宜州文化的自信和自觉。作为一个学术性、专业性的社会团体，对刘三姐故乡长寿文化现象的探究并对“长寿之乡”建设的推动，是研究会的责任和义务，更是这个城市经济发展的需要，同时也是社会发展的必然趋势，具有历史意义和现实意义。

在中共宜州市委、市人民政府的正确领导下，在中共宜州市委宣传部直接领导下，宜州市蓝祥长寿文化研究会的同志接受宜州市政协的有关调研任务，组织和指导会员开展蓝祥长寿文化现象的调查研究。从2013年10月开始，组织人员进行深入的调研，走访市区六十多个街道及十六个乡镇三百多个村屯长寿人瑞，开展了大量的相关扎实工作，同时进行了长寿文化学术交流活动。研究会的同志们认真从事研究，揭示长寿文化现象，在较短的时间里完成了近二十万字的征求意见稿。

几千年灿烂的中华文化中，《易经》作为总源头，凝聚了中国古圣先贤集体的智慧。对于它的完成，《汉书》云：“人更三圣，世历三古。”伏羲“一画开天”创造了八卦图，周文王发明了六十四卦，而孔子作《易传》。

中华民族的许多东西是集体创作的，很少有一个人单独完成的。这本《自古宜州最宜人——刘三姐故乡蓝祥长寿文化现象》也是集体劳动创作的结晶。

首先，这本书是在中共宜州市委书记黄平权、市委副书记、市人民政府市长周飞的正确领导、亲切关怀与大力支持下，由中共宜州市委宣传部主要领导亲自策划和组织编写，除拟出近万字的编写大纲、提出全书写作框架外，他们还深入各地调查研究，指导组委会的同志们写作，并且亲自动笔写稿，并对书稿进行多次反复审阅和修改。2013年年底召开书稿讨论会后，远在南宁自治区文联的宜州老乡何述强先生给出了很多很好的建议，并提出修改意见。同时，提出宝贵修改意见的还有：宜州市政协主席韦丽忠同志、宜州市委常委、统战部部长韦雪鲜同志、宜州市人大常委会副主任莫秋婷同志、宜州市人民政府副市长潘绍瑜同志、河池市政协文史委主任温远涛同志、河池学院中文系主任谭为宜教授、中共河池市委宣传部副部长杨合同志、河池学院教授施铁靖先生、宜州市原政协主席罗启贵先生、宜州市原文联主席谢树强先生、宜州市原市志办主任莫瑞扬先生、宜州市原文联副主席梁允常先生等。这本书内弥足珍贵的《宫中朱批奏折》是宜州市文物管理所所长、宜州市文联摄影家协会主席、宜州市蓝祥长寿文化研究会副会长冯建国同志从中国第一档案馆里拍摄而来的。此外，大部分的图片是由研究会的副主席韦炳华、理事李增英、罗爱群、吴晴等同志鼎力支持提供的。同时，相关的重要资料数据由宜州市老龄办韦玉娟主任等同志及公安局的同志们提供。

此书还得到了广西师范大学出版社同志的热情帮助。

在此，一并表示感谢。

宜州山水神奇、文化底蕴深厚，蓝祥长寿文化现象如一片神秘的泽野，有雾霭深深，也有碧水岚烟，还有白云玄鹤。在这片广袤的田地里，我们寻一漏万，深知要编写这样一本涉及面广的书稿的难度，编委会的同志们在无前人经验，幸有广大专家学者的热心指导下，在疲于本职工作的同时，利用业余时间废寝忘食地加班调研与创作。尽管在调研和编写的过程中尽了最大的努力，但由于水平有限、时间仓促，也许仍然难免有错漏之处，恳请专家学者进而教之，不胜感谢！

中国老百姓喜欢说“好戏在后头”，所以，最后一句“压轴”的感谢肺腑之言——十分感谢我们的宜州老乡广西壮族自治区高级人民法院院长、党组书记，大法官罗殿龙同志在百忙中欣然拨冗为本书作序。山遥水远人心近，宜州人向老乡“哥佬”深深鞠躬并唱着山歌等您常回家看看……

编　者

2014年6月18日